Tetelin Masowen I

A

A-a Pwa Chenin Kot	77
A Atapaei (He Touched Me)	154
A Fis Ion ew Pwinin mi Ling	332
A Ifa Usun Lon Letipom	29
A Lapalap Ach Kot A Pwal Manaman	164
A Lapalap An Kinas Ren Ach Pupungaw	510
A Lo Ran, A Pwinilo	443
A Nom Lon Peiasan	156
A Nom Rech E-u Achaw	238
A Tori ewe Fansoun mi Fokkun Auchea	339
A Tori Fansoun Kokoi won Fonufan	278
A Tori Leres	2
A Wor Ai Kol Jesus A Ngeniei	429
A Wor An Kot Alluk	518
A Wor Emon Chienei	12
A Wor Emon Mwan A Mak Lon Paipel	433
A Wor Ew Fonu Fanitach Chon Kraist	544
A Wor Ew Iit mi Ouchea	4
A Wor Ew Leni mi Eoch	65
A Wor Ew Ran mi Fokkun Echipwor	59
A Wor Ew Totai	537
Ach Chon Amanaw Jesus A Nom Ion Lang	327
Ach Kapongen Ei Ran	351
Ach Kapongen Kinamwe Ngeni	60

Ach Kilisou Ngeni..271
Ach Kot A Fokkun Umoumoch (Jerusalem).............251
Ach Kot Mi Tonge Kich Chapur..................................163
Ach Lenien Apiru Mi Nom Ren....................................381
Ach Lenien Op A Nom Ren Kot..................................205
Ach Maing Jesus A Uputiw Ion Petlehem..................312
Ach Samol A Eketi Kich Ion Ran in Manawach........182
Ach Samol Jesus A Nom Lang...................................179
Achema An Jesus Tong A Poluku..............................224
Acheniei Kana Meinisin...396
Achiou Chapur, Noun Jesus Ngang...........................185
Achocho Apiru Foforun Jesus....................................243
Ai Chon Nemenem o Ai Chon Mas Allim..................410
Ai Jesus Ua Tongek, Pun Ngang Emon Noum........412
Ai Kot, Ai Kot Echok..16
Ai Kot, En Koten Tong me Umoumoch........................34
Ai Kot, Kopwe Fori Loi..298
Ai Osupwang Won Fonufan A Mesemesekis...........210
Ai Samol Jesus A Auchea Seni Silver......................404
Ai Samol Jesus, En mi Nengeni Ei...........................446
Ai Samol, Ka Etitinaei...284
Ai Samol Kot, Umoumoch Ngeniei..............................87
Ai Samol mi Lapalap Kopwe Angasa Ei...................498
Ai Samol mi Lapalap, Kosap Opunguwei.................472
Ai Samol mi Lapalap, Om kewe Fofor......................258
Ai Tipis Meinisin Ra Nom Won Calvary....................218
Ai Tong Ngeni Ai Samol Epwe Ie Chok Watte-Io.....528

Alollilen Fetalin ach Siamu Fonufan..........................262
Alollolun An Kot we Tong..112
Alon Ai Chon Amanaw (Jesus Paid It All)..................51
Alon Asepwal ngeni Kukun Lam................................344
Am Meinisin Auwa Mwalechelo..................................92
Am Soufu seni Meseiran..320
Ami Angei Iten Jesus..173
Ami At me Nengin...522
Ami Chon Luku Kana..413
Ami Soulang Ousap Mour..233
Amo Ikenai..58
Amo Kopwe Pwapwa Fansoun Christmas...............362
Amwarar An Kot ei Tong..492
Amwarar Om Akot O Kot...300
An Kot Ewe Liffang A Tori Fonuenfan.......................350
An Kot Kokot Ngeni Fonufan.....................................384
An Kot Tong mi Enlet o Lap Ngeniei.........................102
An Kot Tong mi Metek..383
An Kot Umoumoch Mi Echipwor (Amazing Grace)....95
Angang, Angang Ngeni Samol Jesus.......................232
Aramas Kana Ra Nom Lon Rochopwak...................234
Aramas Meinisin Ra Osupwangen Jesus Kraist......424
Are A Tori Fansoun Om Tolong Ion Mwuun Lang....386
Are En Mi Mefi Weires...75
Are Kopwe Pwarata..105
Are Riafou A Toruk...451
Asalapen Sounemenem (Above All).........................408

Asisilen An Jesus Epwe Liwinsefal..................93

C

Chaan Jesus A Amwusa Ei.....................189
Chechemeni...................................37
Chommong Aramas Ra Asarongorong..............266
Chommong Riafou Ua Nom Lon...................425
Chommong Soulang Ra Kuf Lon Manawer..........470
Chomong, Chomong Riafou......................299
Chomong Sokun Kapasen Fonufan................270
Chon Alisi, Ngunmifel........................181
Chon Lang Ra Kokol me Lang (Gloria)..........323
Chon Lang Ra Pwapwa..........................301
Chon Luku Jesus Ra Feioch....................458
Chon Mas Kana Ra Nom Le Mal..................308
Chon Safei Lap Mi Nonom Rech.................449
Christmas A Kaneto...........................357

E

Efoch Irapenges...............................14
Efoch Irapenges Won Ew Chuuk mi Towaw.........69
Efoch Sepenin Ese Kamo.......................502
Ei Al Ese Fokkun Kamo.........................61
Ei Fansoun A Lapelo...........................71
Ei Fansoun Mi Fich Ngeni Ai..................109
Ei Fonufan Ion ei Fansoun a men Aweires.......19
Ekewe Chon Lang Ra Kokol.....................356

4

Ekieki Usun Ekkewe Chon Orum..................420
Eli Esor Om Chengel................................473
Emon Chon Aani Kraist Lon Manawan...............160
Emon King en King....................................8
Emon Mi Nonom Lon Kraist........................217
Emon Soulang mi Lelukeni Leluken Kot..............382
Emweniei Neim Semei.............................538
En Ka Allukuluk....................................539
En Maing Jesus, En Echok........................174
En me Ngang Sia Fil Meren Kot....................421
En me Ngang Sipwe Pwipwi Fengen................426
En Mi Pas Seni Fonu (Paslo Fan)..................214
En Saramen Fonufan, O Samol.....................256
Esap Osukosuk Fansoun Meinisin...................35
Ese Lea Ngenei......................................22
Ese Pwal Wor Emon Pwipwi, Mama, Papa...........24
Ese Wor Ach Ngas me Lom........................490
Ese Wor Ai Pwapwa, Chip Lon Manawei.............155
Ese Wor Emon Epwe Usun Ai Kot.................292
Ese Wor Suspend....................................84
Esor Ew Iit A Usun Iten Jesus......................18
Esor Itan Chon Fonufan..........................167
Etiwa Kapasen Kot me Ion Lelukom................70
Eu Fonu A Lingeto Rei.............................474
Eu Fonu Mi Saram Seni Ran.......................459
Eu Kapasen Alukuluk.................................9
Ew Pwinin won ewe Saat...........................66

Ew Ras mi Lapalap..171
Ewe Chon Fori...527
Ewe Feiochun Kot A Pwa Lon Jesus Kraist............371
Ewe Fu Mi Ling (Ai-Ai-Ai-Ai).................................358
Ewe King Herod Mi Ingaw....................................513
Ewe Mwanin Cheuch..265
Ewe Ollukun Tong, Sipwele Rongorong...................97
Ewe Paipel A Apasa Pwe Kich Meinisin.................466
Ewe Samol A Fori Fonufan Lon Fisu Ran...............514
Ewe Samol Ai Chon Sele......................................392
Ewer, Sipwe Chu Lon ewe Sor..............................248

F

Familien Kot...110
Family, o Family..437
Fan Ekkoch Lon Raninfel Ua Mefi Chipwang..........515
Fansoun Ai Manaw me won ei Fonufan..................142
Fansoun Ai Nom Lon Riafou.................................368
Fansoun Pwapwa, Fansoun Feioch........................324
Fansoun Ua Kuta Jesus.......................................144
Fefetal Ngang Won ei Al..68
Feilo Arongafeili won Chuuk.................................314
Feilo Won Ekkewe Chuuk.....................................415
Feino Neim...130
Feiochun Chon Lukuluk.......................................260
Feiochun Itan Ewe Samol....................................104
Feiochun Kot A Tori Kich.....................................236

Feito Fiti ei Ras...253
Feito Ra Ureniei Pa-Rum-Pum-Pum-Pum...............330
Feito Seni Fonu Towaw.....................................343
Fitu Fansoun Kot Epwe Kokoruk.............................465
Fonuach Lang Ese Chuen Touaw..........................229
Fonufan A Kan Feioch Ren ewe Liffang..................268
Fonufan A Kuna Feioch Ren Chok.........................481
Fonufan A Uren Rochopwak Me Lom.....................354
Fonufan, Fonufan..91
Fonufan Me Lom Lom, Ese Wor Saram....................96
Fonufan Mi Uren Pwapwa...................................403
Fonufan Sap Leniei...139
Forien Kot Kana Meinisin....................................525
Forien Poum Ai Kot A Fokkun Amwarar..................491
Forien Poum Meinisin A Mwirinno.........................23

I

Ia Emon Lam Epwe Uputiw Ia?.............................342
Iei Alon Jesus, Kosap Niuokus..............................194
Iei Alon Jesus: Ngang Chok Chon Mas Eoch..........191
Iei Mwo Ke Raratuk Ion ei Manaw........................402
Iei Usun An Kot ei Tong.....................................143
Iei Wewen Christmas...353
Ieritam Ai Mwalechelo.......................................282
Ifa Langatamen Ami Mwalechfeil.........................245
Ifa Usum Lon ei Fansoun Christmas......................364
Ifa Usun Om Angker A Nukuchar.........................212

7

Ifa Usun Tong en Jesus……………………………………186
Iit mi Ling………………………………………………………10
Ika Ke Fen Chok Kunaei……………………………….389
Ikenai A Uputiw…………………………………………….325
Ikenai Sipwe Kokol……………………………………….335
Ikenai Won Chuk Ararat (Happy Easter)………….529
Inamo Met A Tongeni Fis (Hallelujah)………………541
Inet Kopwap Mefi Pwe Ka Mwalechelo………………291
Io I Mi Mochen Rong, Epwe Rong……………………227
Ion ei Semirit……………………………………………….321
Irapenges Ina Iran Manaw Ngeniei………………….72
Ita Upwe Kokkotiw…………………………………………411
Iwe, Sipwe Le Feilfesen……………………………….462

J

Jesus A Afalafal, Hmmm………………………………….126
Jesus A Amwarar…………………………………………….526
Jesus A Filata Engol me Ruemon……………………..517
Jesus A Fori Ekkewe Tö me Fonu…………………….543
Jesus A Irapenges Won Ewe Chuk Calvary………..501
Jesus A Kan Apasa ngeni Noun kewe……………….293
Jesus A Kokoruk, Kopwe Towu………………………..147
Jesus A Likitalo An Ling………………………………….476
Jesus A Men Tonge-ei……………………………………..524
Jesus A Mochen Pwe Sipwe Feito Ren………………67
Jesus A Mochen Sipwe Iei Usun Ion ach Iotek……509
Jesus A Pwar Ngeniir Usun An Epwe Malo……….495

Jesus A Pwisin Mwarei An Irapenges......................129
Jesus A Pworachofeil Won Fonufan........................213
Jesus A Resin Koko Pwe Sipwe Tapwelo Murin......150
Jesus A Tonge Chon Tipis Kana...............................195
Jesus A Tonge Kich Lupwen A Chuen Nom............192
Jesus A Uputiw Lon Telenimwen Petlehem.............322
Jesus A Uta Lukun o Fichifich....................................30
Jesus Ach Chon Amanaw...419
Jesus Ach Lenien Op en Manaw..............................506
Jesus Ai King (Merry, Merry Christmas)..................302
Jesus Am Samol...21
Jesus, Amanawa Ei...257
Jesus, Angei Manawei..454
Jesus Apasa I Ewe Al...488
Jesus, Chon Selani Nguni..447
Jesus Epwe Liw'n-sefal, Aramas Ou Ouseling........216
Jesus En Ach Lenien Op Lon Fansoun Meinisin.....100
Jesus En Ai Chon Mas Allim Ekis Meinisin..............436
Jesus En Ai Chon Amanaw, Ouche Rei...................151
Jesus En Ai Chon Amanaw Pwal En........................431
Jesus En Ai King..367
Jesus en Nazaret, Ka Malo.......................................423
Jesus ewe Messiah...489
Jesus Ewe Noun Kot Akaleamon..............................222
Jesus I ewe Chon Mas (Ai Samol Jesus A Manaw)...62
Jesus I Lamen Kot...439
Jesus, Jesus ai Samol..255

Jesus, Jesus, Ngang Ua Tutungor Ngonuk............475
Jesus, Kopwe Amwochu Pei..99
Jesus Kraist A Malo Fan Itach...................................13
Jesus Kraist A Uputiw Ion Bethlemin Judea.............337
Jesus Kraist Ach Chon Mas Allim...........................209
Jesus Kraist Ach Samol A Nonom Lefilach..............199
Jesus Kraist Ach Samol Epwe Wareto.....................247
Jesus Kraist Ach Samol Lapalap..............................166
Jesus Kraist Ai King o Ai Samol...............................276
Jesus Kraist en Nazaret (Io Ouwa Kuta?)..................82
Jesus Kraist ewe Kingen King Kana..........................76
Jesus Kraist I Ach Samol, Noun Kot mi Tekia..........235
Jesus Kraist I Mi Lepopun (Alpha, Omega).............478
Jesus Kraist Kose Mochen Kopwe Emweniei............56
Jesus Kraist, Ua Chemeni Om Fangesom..........372
Jesus Mochen Pwe Kich Sipwe Saram.....................158
Jesus, Ua Mochen Kopwe Tolong Lon Letipei.........507
Jesus Upwe Nom Orun..379
Jesus Usun Ewe Chok Lom o Ikenai.......................508
Jonah, Jonah...521

K

Ka Chok Mwalechelo..393
Ka Mochen Silei Ngas Seni Tipis..............................246
Ka Rong ewe Kol..317
Kaito, Ami Soulang...313
Kapas A Mwitir Nge Fofforun A Mang.................136

Kapong Murrino Ngeni Meinisin..................................15
Ketsemeni Ew Lenien Sosot mi Pochokul...............405
Kich Aluwol me Fopwul Kana....................................376
Kich Aramas Meinisin Mi Mochen Kuna Manaw........44
Kich Chon Fonufan Meinisin......................................124
Kich Meinisin Sipwe Kilisou o Pwapwa....................496
Kich Meinisin Sipwe Mwareiti Kot............................417
Kich Sia Chommong..118
Kich Soulang Kana Meinisin Sipwe Chemeni..........221
Kich Soulang Sipwe Pworacho......................................6
Kilisou! Ai Samol Jesus (Thank You, Lord)..............530
Kilisou Chapur Pwal Kilisou Chok..............................94
Kilisou Ngeni Samach Kot ren ei Fansoun..............281
Kilisou Ren ei Ran Kot A Fang Ngeni Kich.............122
Kinamwe Epwe Toruk lon ei Christmas...................311
Kinamwe Ngeni Aramas..464
Kingen King, Samolun Samol....................................494
Kole Nom, Ngang Ua Lo Seni Ei Fonufan................422
Kopwe Feilo Eti Jesus, Kopwe Le Lo Kinamwe.......461
Kopwe Nenelong Lon Ewe Asam..............................340
Kopwe Nom Rei, A Mwitir Rochopwak.....................430
Kopwe Seres Nge Pwal Nenengeni..........................480
Kosap Mwut Ngeni we Fou Kukumos Epwe Mwu....406
Kosap Niuokus Ngeni Chon Sotunuk........................207
Kot A Forata Lang me Fonufan.................................428
Kot A Koruk, Kopwe Ulo..230
Kot A Mochen Nouni Kich Chon Fonufan.................175

Kot A Nenetiw, A Kuna Weiresin Noun Aramas.........54
Kot A Nenetiw (Oh Chon Lang Ra Kekechiw)..........540
Kot A Nenetiw won ei Fonufan...................85
Kot A Nom Lang.........................161
Kot En ewe Epilololun Pochokul.............279
Kot Epwe Afeiochu Kich.....................178
Kot Epwe Tumunuk.........................133
Kot Ese Pwon.............................288
Kot I Mi Tong, Amusa Tipis.................119
Kot Ka Fen Silei pwe Ngang Emon...........25
Kot Mi Wesewesen Tonge-ei..................31
Kot Nom Remi Tori Eu Ran...................460
Kot Sam A Pwari An Umoumoch...............432
Kot Tinato Noun..........................39
Kote Su Seni ei, Jesus......................188
Kote Tipe-Forea, Tipe-Apangaw..............277
Kote Tunolo Manawom.......................511
Kraist A Malo Fanitei, Hallelujah.............128
Kraist A Riafou Fanitach....................380
Kukkun Aat Kosap Seng....................360
Kul, O Nengeni Jesus.......................137

L

Lamen Kot Achengicheng.......................3
Lamen Kot, Kosap Tipis......................445
Lenien Nguni Mi Nom Paratis................375
Lenien Riafou Fonufan.....................157

Lepopun Mi Wor Ewe..55
Lepoputan Year-fö Kot A Fangeto..........................482
Lepwin Fel, Lepwin Ling...318
Lom Lom Lon Jerusalem..333
Lon Ai Nonom Ua Rong me Silei Usun...................283
Lon Ai Nonom Won Fonuenfanei..............................83
Lon An Tong Mi Lap A Ekieita.................................418
Lon Ew Fansoun (Silver Bells)................................345
Lon ewe Fansoun Herodas a Rong.........................310
Lon Fansoun Ai Pwapwa (Ua Silei Kinamwe)............52
Lon Fonuach Ikenai..114
Lon Fonuwen Ketsemeni..435
Lon Kraist Echok Ua Luku.......................................374
Lon Lenien Enen Man..307
Lon Manawen Soulang Ikenai..................................295
Lon Paradais (Leni Mi Fokkun Lingoch)..................261
Lon Paratis Mi Echipwor o Ling...............................250
Lon Ranin Kapwung Lapalap...................................548
Lon Sarinfal Ua Chengel..516
Long Time Ago in Bethlehem...................................319
Lukenipwin Lon Kiroch...135
Luku Jesus A Riafou Ren Fan Itei..........................254
Luku Kot Iteiten Ran..241
Luku Kot Iteiten Ran (Version 2).............................242
Lupwen A Fis Ewe Pwon...219
Lupwen Ach Seseres, Seseres Lon........................497
Lupwen Ai Mot o Ai Uta..442

Lupwen Ai Nonom Won ei Fonufan Mi Wor............444
Lupwen Jesus A Fetan won we Al........................549
Lupwen Kot A Nenengeni....................................394
Lupwen Lelukom A Chou o Kiroch..........................88
Lupwen Sia Likitalo Pwal Ew Ier A Fen Wes...........395
Lupwen Sosotun Om Soulang mi Chomong............409
Lupwen Ua Mot Lon we Imwen Fel.......................532
Lupwen Ua Poputa Manawei Lon Jesus....................17

M

Maing Ai Kot, Ai King, En Ai Samol.......................190
Maing Ai Samol Lon Mettoch Meinisin....................505
Maing Jesus Ai Kot, Kopwe Kan Mwut Ngeniei.......373
Maing Jesus, Ai Samol, En Ka men Amwarar...........20
Maing Jesus, Ai Samol, Rong Ngeni........................98
Maing Jesus, Ai Samol (Shout to the Lord).............131
Maing Jesus, Am Chon Amanau...........................203
Maing Jesus, En Echok Ai Alilis............................206
Maing Jesus Kopwe Auseling...............................201
Maing Jesus Kot Ai Chon Sele.............................434
Manawach Won Fonufan A Mochomoch.................215
Mary, Ka Silei...316
Me Lom A Wor Ekkoch Chon Masen Sip.............361
Me Lom Lom Ngang Mi Pout...............................226
Me Lom Lon Ranin Noah.......................................43
Me Lom Lon we Telenimw Bethlehem..................359
Me Lom Ngang Usap Fokkun Weweiti..................504
Me Lom, Nguni Mi Malo......................................134

Me Lom Usamwo Weweiti……………………………………427
Me Lon Fonuen Fanei……………………………………….269
Me Lon Manawen Ach Luku (Uwan Ngun)……………536
Merry Christmas, Merry Christmas……………………349
Merry Christmas Ngeni Ami Meinisin…………………336
Met A Fis Ngeniei Lon Ekei Ranin Sopolon…………274
Met Om Osukosuk, Wato Ngeni Kraist………………399
Met Ouchean An Jesus Malo Fanitach………………289
Mettoch Meinisin Mi Aani Ngasangas…………………86
Mi Auchea Sipwe Nenengeni Met Popun……………290
Mi Echipwor Iten Jesus……………………………………172
Mi Eoch Sipwe Silei En Io o Ngang Io………………493
Mi Fen Affat Lon Nouch Paipel…………………………159
Mi Weires Ei Al U Fetal Won……………………………148
Mi Wor Emon King Mi Lap Lon Lang…………………463
Mi Wor Ew Koko Ngeni Kich Meinisin………………116
Mi Wor Room Won Irapenges…………………………117
Mongungun Kot A Kokoruk………………………………149
Mwa Met, Mwa Met Chienei……………………………225
Mwarei Om Irapenges……………………………………123
Mwareiti ewe Samol mi Unusen Tongeni……………296
Mwareiti Kot Kich Meinisin………………………………484
Mwareiti Kot Ren An Umoumoch………………………138
Mwareiti Lingen Itom Oh Kot……………………………468
Mwareituk En Ai Kot (Asarama-ei-lo)…………………63
Mwelien Jesus A Koko Pwetete…………………………78
Mwichefel A Mochen Ioni Noun Aramas……………366

Mwuun Jesus Fokkun Echipwor..................................177

N

Nengeni, A Ling ewe Pii en Lang................................81
Nengeni Ewe Lamen Kot (A Feitiw Ngeni Fonufan)...49
Nengeni Ewe Lamen Kot (A Uwei Tipisin Fonufan)...48
Nengeni Won Irapenges..196
Ngang Amanaua En..132
Ngang Emon Aramas Esor Ai Tufich........................479
Ngang Emon Aramas Mi Atong o Weires.................146
Ngang Emon Noun Mwalechelo................................438
Ngang Ewe Samol Mi Lapalap Om Kot....................272
Ngang Iei, Maing (Just As I Am)...............................297
Ngang Ua Aani Jesus Noun Kot...............................183
Ngang Ua Feioch, Ngang Ua Feioch.......................550
Ngang Upwe Kokori Jesus..239
Ngang Upwe Kol Ngonuk Jesus................................387
Nguni Kopwe Mwareiti Siowa....................................571
Ngunmifel En Kopwe Etto...152
Niuokus Kot Mi Lepopun Tipachem Meinisin...........169
Noel, Noel..331

O

O Ai Kot Asofoi Nguni..391
O Ai Kot Ka Fen Silei Usun.......................................108
O Ai Kot Kilisou Ren Om Tong..................................286
O Irachi, O Irachi...347

O Kot Ion Foriom..5
O Kot Siowa U Mochen......................................244
O Letipei Mi Lolilen..414
O Lingochun Fu Ion Petlehem...........................348
O Samol Ai Kot mi Enlet....................................500
O Telenimwen Petlehem...................................305
Oh Maing Kot, Om Tong mi Lapalap Ngeni Ei.........334
Oh, Tumunu-och, Kosap Lukumach....................341
Om Chon Amanaw Jesus A Koruk Ikenai...............457
Om Tong O Kot..355
Ou Feito Sipwe Kokolun Mwareiti.......................263
Ou Pwapwa Ami Soulang...................................200
Ou Rongorong An Jesus Ko................................228
Oupwe Rong Ami Aluwol Fopwul Ion Chuuk...........153

P
Paraparen Ewe Chaa A Pwu...............................534
Pisekin Jesus A Amwol Rech..............................448
Popun An Jesus Uputiw Fonufan.........................107
Pun Iei Usun An Kot..42
Pun Jesus Tolong Letipei...................................127
Punun An Mwarei Choun Fonufan......................275
Pwapwa Kilisou ngeni Samach Kot.......................38
Pwapwan Ei Ran Ngeni Meinisin.........................365
Pwapwa Fonufan Kraist A War...........................303
Pwapwa, Pwapwa Ikenai...................................309
Pwata Mo Iei Sa Tongomang..............................111

Pwi o Chiechiei...398

R

Ra Feioch Iir Mi Wouingaw Lon Nguun....................533
Ra Kapas Pwe Jesus Mi Tong.................................397
Ra Kuna we Fu o Ra Pwapwa Chapur....................352
Ranin Manawach...285
Raninfel Ach Ranin Pwapwa....................................202
Ras A Lapalap A Chok Witiwit..................................503
Ren Chufolun Poum (The Nails in Your Hands)........36
Rom Sopwun Engol-Me-Ru......................................483

S

Sa Chufengen Ikenai..28
Sa Feioch Kich Pwipwi Mi Rifengen Ion Kraist.........252
Sa Kapas Usun Jesus...385
Sa Kilisou O Pwapwa Pwe Rochopwak A Su..........162
Sa Kilisou Ren Jesus Kraist....................................211
Sa Mwareiti Tongen Jesus......................................197
Sa Mwareituk Chon Sele Pun Ka Selani Kich.........168
Sa Mwareituk O Kot, Sa Pwal Kilisou Reom............170
Sa Nom Ikenai (Aloha Kaua)...................................106
Sa Pwapwa Kich Kinter...329
Saram Ese Pwalo (Calvary).....................................115
Semei Kot Ua Kechiw Ngonuk.................................467
Semei Kot Upwe Mwareituk.....................................273
Semem Kot Lon Lang Asan.....................................378

Seni Letipach Sia Luku..294
Seni Lon Lelukei Ai Kot...80
Seseres Ngang Lon Ei Mataw..........................401
Siowa Ai Kot..74
Sipwe Elingalo Kot..264
Sipwe Fokkun, Fokkun Pwapwa...........................187
Sipwe Fokun Kilisou ngeni Samach Kot..............165
Sipwe Kilisou Kich Chon Fonuenfan.....................26
Sipwe Kilisou ngeni An Kot Tong mi Amwarar........120
Sipwe Kilisou ngeni Samach Kot mi nom won Lang....7
Sipwe Kolu Tongen Jesus..441
Sipwe Luku Kot Iteiten Ran......................................477
Sipwe Luku Samol Kot Pun A Let Kapasan.............237
Sipwe Meseikeiti Christmas....................................304
Sipwe Mwareiti Jesus, Sipwe Ingeiti Kraist.............440
Sipwe Mwareiti Samach Kot mi Lapalap won Lang...50
Sipwe Nengeni, Nengeni ewe Irapenges................487
Sipwe Tolong Lon Lamalam.....................................512
Sipwe Tumwunu Manawach....................................45
Soufu Kana Ra Feito..338
Soulang Kana Oupwe Angang.................................11
Soulang Kich Chon Alemurun Kot Kana................267
Soulang Oupwe Feito Angang Ngeni Jesus...........231
Soulang Ra Wasola Won Fonufan.........................456
Soulang Repwe Tin Lon Kiroch................................53
Soulang Repwe Tong-Fengen Lefiler.....................455
Sourur Kana Ra Kuta Jesus....................................346

19

Suki Mesen Letipei, Maing......526

T

Taniel A Nukuchar Lon An Luku Kot......453
Tongei mi Kisikis Chok o Pwan Tongei mi Lap......407
Tongen Kot Fokkun Eoch o Ling......184
Tongen Kot, Tongen Kot......326
Tumunu Mesei Met Ka Katon......520

U

U Silei Mi Wor Eu Fonu Lingoch Won Lang......249
U Silei Pwe Ai Chon Sele Manau......180
Ua Fangelo......79
Ua Fefetal Lon Ai Pochokul......400
Ua Fen Allea Lon Nei Paipel......531
Ua Fen Kuta......315
Ua Fen Sapeseni ei Mwuun Fonufan......223
Ua Filata Upwe Eti Jesus......101
Ua Kuna Eu Mwich mi Chówatte Lon Lang......485
Ua Luku Lon we Chukun Calvary......547
Ua Mefi Poun Kot A Tumwunu-ei......121
Ua Mochen Kuna Sopoch o Kinamwe......220
Ua Neneta O Katol Fan Lang......377
Ua Osupwang ren Uwan ai Mochen......370
Ua Pwapwa Lon Lelukei o Kinamwe A Nom Rei......198
Ua Rong Porausen Lom......103
Ua Silei, Fokkun Silei......145

Ua Sulong Le Poun Jesus	450
Ua Tan Usun Fansoun Christmas	363
Ua Tolong Ew Leni Mi Eoch	89
Ua Tongei Jesus	47
Ua Unusen Kilisou Ren Jesus	140
Unconditional Love	287
Upsefal	73
Upwe Aiti Ngeni Jesus Minne Ua Ria Ren	452
Upwe Angang Ngeni Jesus Lon ei Ran	125
Upwe Annea Paipel	542
Upwe Arap Ngeni Jesus	204
Upwe Eti Jesus Lon ewe Lemolun	240
Upwe Feilo Mwirin Jesus	193
Upwe Feilo Ngeni Fan	523
Upwe Lo Ia (Where Could I Go?)	416
Upwe Luku Jesus, Ai Chon Amanau	176
Upwe Mwareiti Ai Samol	57
Upwe Nonom Arap Ngeni Jesus	141
Upwe Pesei Ngeni	33
Upwe Ureni Ai Samol Jesus	388
Ureniei Popun	27
Usap Niuokus Lon Ai Upwe Angang Ngonuk	486
Use Silei Jesus Me Lom Pwe Ai King	390
Use Tufich Fefetal	40
Usun Melom Ngang mi Kalopus	369
Usun U Fen Kuner	32
Uta Ko, Uta Ne	41

Uta Lon Poun Kraist Ach Samol Lapalap..................208
Uta, Uta Angang Kich Alual, Fopwul......................113
Uwosochou A Mus me Calvary...............................280

W

Walong Poum Lon Poun ewe Mwan.......................469
We Aleamon 'Sor Tipisin (We Lamen Kot)................46
We Chaan Jesus A Fang Fanitei.........................499
We Chenin Kot Mi Tori Kich Meinisin....................90
We Irapenges Sa Mwarei................................545
We Tongen Jesus, Eoch o Echipwor......................519
We Tongen Kot...1
We Tongen Kot Mi Echipwor.............................551
We Wish You a Merry Christmas.........................306
Wichi Bell..328
Won ewe Irapenges won Calvary..........................64
Won ewe Mataw mi Fokkun Watte.........................535
Won Fonufan Sa Kuna Sokopaten Riafou..................546

Kolun Christmas

A Fis Ion ew Pwinin mi Ling.....................332
A Tori ewe Fansoun mi Fokkun Auchea..................339
Ach Chon Amanaw Jesus A Nom Ion Lang.............327
Ach Kapongen Ei Ran....................................351
Ach Maing Jesus A Uputiw Ion Petlehem................312
Alon Asepwal ngeni Kukun Lam.......................344
Am Soufu seni Meseiran................................320
Amo Kopwe Pwapwa Fansoun Christmas.................362
Amwarar Om Akot O Kot.................................300
An Kot Ewe Liffang A Tori Fonuenfan....................350
Aramas Kana Ra Nom Lon Rochopwak..................234
Chon Lang Ra Kokol me Lang (Gloria)....................323
Chon Lang Ra Pwapwa...................................301
Chon Mas Kana Ra Nom Le Mal............................308
Christmas A Kaneto....................................357
Ekewe Chon Lang Ra Kokol..............................356
Ewe Fu Mi Ling (Ai-Ai-Ai-Ai).............................358
Fansoun Pwapwa, Fansoun Feioch.......................324
Feilo Arongafeili won Chuuk............................314
Feito Ra Ureniei Pa-Rum-Pum-Pum-Pum................330
Feito Seni Fonu Towaw..................................343
Fonufan A Kan Feioch Ren ewe Liffang..................268
Fonufan A Uren Rochopwak Me Lom......................354
Fonufan Me Lom Lom, Ese Wor Saram.....................96
Ia Emon Lam Epwe Uputiw Ia?............................342
Iei Wewen Christmas...................................353

Ifa Usum Lon ei Fansoun Christmas.........................364
Ikenai A Uputiw...325
Ikenai Sipwe Kokol...335
Ion ei Semirit..321
Jesus A Tonge Kich Lupwen A Chuen Nom............192
Jesus A Uputiw Lon Telenimwen Petlehem.............322
Jesus Ai King (Merry, Merry Christmas).................302
Jesus Kraist A Uputiw Ion Bethlemin Judea............337
Ka Rong ewe Kol..317
Kaito, Ami Soulang...313
Kinamwe Epwe Toruk Ion ei Christmas...................311
Kopwe Nenelong Lon Ewe Asam...............................340
Kukkun Aat Kosap Seng..360
Lepwin Fel, Lepwin Ling...318
Lom Lom Lon Jerusalem..333
Lon Ew Fansoun (Silver Bells).....................................345
Lon ewe Fansoun Herodas a Rong..........................310
Lon Lenien Enen Man..307
Long Time Ago in Bethlehem......................................319
Mary, Ka Silei..316
Me Lom A Wor Ekkoch Chon Masen Sip...............361
Me Lom Lon we Telenimw Bethlehem.................359
Merry Christmas, Merry Christmas..........................349
Merry Christmas Ngeni Ami Meinisin......................336
Noel, Noel..331
O Irachi, O Irachi...347
O Lingochun Fu Ion Petlehem.....................................348

O Telenimwen Petlehem...........305
Oh Maing Kot, Om Tong mi Lapalap Ngeni Ei.........334
Oh, Tumunu-och, Kosap Lukumach........341
Om Tong O Kot (Jesus A Uputiw)..........355
Popun An Jesus Uputiw Fonufan...........107
Pwapwa Fonufan Kraist A War..............303
Pwapwa, Pwapwa Ikenai.........309
Pwapwan Ei Ran Ngeni Meinisin.........365
Ra Kuna we Fu o Ra Pwapwa Chapur..........352
Sa Kilisou O Pwapwa Pwe Rochopwak A Su.........162
Sa Pwapwa Kich Kinter..........329
Sipwe Meseikeiti Christmas.........304
Soufu Kana Ra Feito.........338
Sourur Kana Ra Kuta Jesus.........346
Tongen Kot, Tongen Kot.........326
Ua Fen Kuta.........315
Ua Tan Usun Fansoun Christmas.........363
We Wish You a Merry Christmas.........306
Wichi Bell.........328

1.
We tongen Kot a lap seni Apilukuluk are luku,
Esap pwal mwitir ngeni song, Esap fori minne a sau.

Chorus:
We tongen Kot a kirokiroch, A songomang ngeni kich,
Epwe nonom feilfeilo chok lon fonufan o lang.

We tongen Kot a pwapwaesini
Minne mi pwung o pwal enlet,
Esap chechemeni ach tipis nge amwusalo meinisin.

Are ka makketiw meinisin
Usun An Kot tong ngeni kich
Ekkewe pwuk mi makketiw resap kuch lon ei fonufan.

2.
A tori leras nge chon angang ra chókukun,
Feito, feito angang a chuen ras o pwal ranoch
/: A lapalap ras o a chommong uwan ei fansoun,
Ei ras epwe le wes. /:

Iotek pwe Samach Kot Epwe tinato chon angang
Are A koruk Epwe pwal etuk ran me ran
/: Au selingom, fang ngeni unusen ei fansoun,
Ei ras epwe le wes. :/

3.

Chorus:

Lamen Kot achengicheng, Lamen Kot mi piin,
A pwari An Kot tongei kich, Fel ngeni ewe Lam mi ling.

Ou rong ngeni porous allim,
Minne soufos me king ra rong
Epwe war we Lamen Kot,
O amanaua kich ren chaan

Ren chon piin upwe kol feilfeilo chok
O mwareiti ewe Lam mi ling.

4.

A wor eu iit mi ouchea, Lap seni kewe iit meinisin
Ewe iit mi itan Jesus, Sipwe pwarata ewe iten Kraist.

Chorus: Sa etekiata iten Jesus,
 Ekis meinisin sipwe feilo ia,
 Tori ewe fansoun feilfeilo chok,
 Sipwe pwarata ewe iit mi ling.

Itan A tekia seni fuu meinisin,
A tiin lon rochopwak asarama we al,
Epwe achipa kich lon ach riafou,
O fang ngeni kich pwapwa lon manauach.

5.

O Kot lon foriom Ka fori lang me masouan
Fuu kana ra tinoch kokolu Om tong,
Akar a titin o a makkei Om ling
/: Nge io ngang pwe ka pwari Om tong ngenei. :/

Chorus: Ua upwutiw emon chon tipis
          mamarita lon fotekin tipis
          /: Nge Kot lon Om umoumoch,
          Io ngang pwe a seluk Om tong ngeniei. :/

Machang lon ar tikitikin mwareituk o pwal pwaruketa
Asepwal lon ngunun seikata itom,
Iir meinisin pwaralo Om tekia
/: Nge io ngang pwe Ka pwari Om tong ngenei. :/

6.

Kich soulang sipwe pworacho
Lon sosotuch me ninich
Pun iei An Kot pwapwa ren

Chorus:
Sipwe elinga iten ach Kot
Sipwe pwari tufichin Kraist
Me lon manawach meinisin

Kich soulang kana meinisin
Sipwe epini manawach
Kich chon lon An Kot family

7.
Sipwe kilisou ngeni Samach Kot mi nom won lang
Ren ach manau pochokkul A fang ngeni kich
 Lon ei ran ikenai. ://

Chorus:
Pun lon ierin manauei, ai nonom won
Ei fonufan ese pwung
Ese wenechar ai fofor meinisin. ://

Mwareiti Kot lapalap o chengel won fonufan
Umoumoch ngeni aramas kinamwe
Ngeni kich meinisin. ://

Sipwe titingor ngeni Semach Kot mi nom won lang
Epwe amwusalo tipisich lon ekkewe ier en lom. ://

8.
Emon King en king, Samolun samol,
Souekiek mi amwarar, Kot mi manaman;
Imanuel, Kot A nonom rech
Epwe nemeni, Epwe nemeni,
Nemeni feilfeilo chok. ://

Imanuel, Kot A nonom rech,
Feilfeilo chok, feilfeilo chok!

9.
Eu kapasen alukuluk ngeni kich soulang meinisin
Sipwe achocho lon ach soulang
Pun iei ach win sipwe angei le sopwolon. ://

Chorus:
Jesus ach Samol (ach Samol)
Jesus ach Chon Amanau (Chon Amanau)
Ach lenien op (lenien op), Lon riafou (lon riafou)
I ach pochokkul (ach pochokkul),
O ach pworacho (ach pworacho)
Ach chon alilis (chon alilis), Lon fansoun meinisin. ://

Kich soulang meinisin sipwe alamota ach fansoun
Mwut ngeni Jesus Kraist epwe nemeni
Manauach, ach tufich, me ach fansoun. ://

10.
Iit mi ling, fel ngeni itan mi ling,
Iten Jesus sipwe fel o kol mwareiti
Iit mi ling, mwuu kana o nemenem,
Pwari An tong fan iten noun kol mwareiti.

Seikata, epwe tekia iten ach Maing Jesus
Elinga, sipwe elinga Kraist Jesus ach King
Iit mi ling, fel ngeni itan mi ling
Kraist A malo, elingalo I lapen King. ://

11.
Soulang kana oupwe angang korato iir mi sap feito
Ngeni ewe angangen Kot Jesus A wato ren
Chon fonufan, ami soulang kana
Oupwe kuta letipen Kot
/: Sipwe likitalo met mi amwochu kich. :/

Jesus mochen pwe kich sipwe kuta iir mi mwalechelo
Seni ewe angangen Kot Jesus A wato ren
Chon fonufan, ami soulang kana
Oupwe kuta letipen Kot
/: Sipwe likitalo met mi amwochu kich. :/

Soulang sipwe likitimwo minne kich sisap tufich ren
Sokkun ekiekin chipwang fan mesen Samach Kot
Me mwen malo ami soulang kana
Oupwe kuta letipen Kot
/: Sipwe likitalo met mi amwochu kich. :/

12. ("Lily of the Valley")

A wor emon Chienei, A fokkun ouche rei
I A fefetal rei ekis meinisin
I esap likitieilo are poutieilo
I A nonom rei lon rani meinisin
Lon fansoun riafou, ua chip lon letipei
Pun I A fang ngeniei An kinamwe
Ua kilisou ren ai Samol Jesus Kraist
Noun Kot we Aleamon
Pun I ai Samol o ai Chon Amanaw

I A fen malo fanitei o pwal manaw sefal
Pwe upwe tongeni ngas seni tipis
I A feilo amollata ai room lon imwen Kot
Pwe upwe nonom ren I feilfeilo chok
O lon ai fansoun malo, ngang usap niuokus
Pun Chienei Epwe chuen nonom rei
Ua kilisou ren ai Samol Jesus Kraist
Noun Kot we Aleamon
Pun I ai Samol o ai Chon Amanaw

I esap likitieilo are poutieilo
Nge A nonom rei lon rani meinisin
Ua kilisou ren ai Samol Jesus Kraist
Noun Kot we Aleamon
Pun I ai Samol o ai Chon Amanaw

13.
Jesus Kraist A malo fan itach,
Won An irapenges won Calvary. ://

Chorus:
Jesus Kraist I Epwe alisuk lon kechiw letipeta
Osukosuk epwe wesilo, om riafou epwe mwuch
Kopwe feito, feito ren Jesus, Wato om osukosuk
Jesus Kraist I Epwe ach Samol, Kingen manauach. ://

Jesus Kraist ngang upwe mwareituk,
Ka amanauaei, ua ngasalo. ://

14.
Efoch irapenges a fofot won chukun Galgotha
A mak Jesus en Nasareth,
Samolun chon Juta kana meinisin.

Chorus:
Irapengesin ach ngaselo,
Irapengesin manau esemwuch
Mettochun lang o fonufan,
Ra ririsefal ren malon Jesus Kraist.

Pwipwi soulang pwal kich chon
Fori angangen achasefal, lefilen Kot me aramas
Usun irapengesin Jesus Kraist

15.
Kapong mwirinno ngeni meinisin
Aramas mi feito lon ach ei ran
Sipwe pwapwa o tipeufengen
Lon ranin Jesus Kraist mi lapalap
Sipwe ochufengeni letipach
Aturalo met mi nonom rech
Sacheta ngeni Jesus, tungor Epwe tolong

Sipwe achocho le kutafichi
Porous allim en Jesus Kraist ach King
Pun ete wor serengaw ngeni kich
Are a wor tunalo letipach
Sisap moneta chok ren pisek are lingen lon ei fonufan
Pun ete sopwongawelo, riafou weires

16.
Ai Kot Ai Kot echok a tongeni,
Ai Kot Ai Kot echok a tongeni
Angasalo kich seni ach riafou
O weires lon mettoch meinisin.

Sipwe sacheta ren ach Kot lon lang,
O tungor ren epwe alisi kich
Fangeto pochokkul, kinamwe pwapwa
Lon Jesus Kraist sipwe angei manaw.

17.
Lupwen ua poputa manauei lon Jesus,
Mwirin I A nemeniei
Mwirin ua fangelo manauei ngeni Jesus
Langatamen ai asamolu I, I ouchea ngeniei.

Chorus:
Langatamen ai asamolu I, I ouchea ngeniei
Watte lon ai tongei I ua mefi An tong
Ran me ran ua kuna kinamwe
Langatamen ai asamolu I, I ouchea ngeniei.

Mettoch meinisin ua osupwang, I A fang ngeniei
Iteiten ran ua fetal lon saram
Langatamen ai asamolu I, I ouchea ngeniei.

18.
Chorus:
Esor eu iit a usun iten Jesus,
Esor eu iit usun iten we Samol
Esor eu iit a usun iten Jesus,
A wor lingoch ren, Sipwe amafela I,
A tufich le angasalo kich. ://

Itan a tekiata lap seni fonufan, Itan a tekia seni lang
Itan a unusoch, eseor terin,
Mwareiti iten Jesus feilfeilo chok.

19.
Ei fonufan lon ei fansoun a men aweires,
Usun a fen weires an epwe kinamwe
Lon family, eterekes, fonu, mwichefel
Asisinen ranin sopwolon a rap.

Chorus:
Io soulang, io nan mi ko meren Kot;
Epwe uta, imwu seni ei fonufan
Uwei sefali letipom, mwarei irapenges;
Fang ngeni Kraist manauom tori feilfeilo.

Kote ururun nenuwa, kote niamam
Lon ei fansoun, manauen fonufan a mochomoch
A mwuchukai, o moropok usun otuot
Kopwe uta imwu seni ei fonufan.

20.
Maing Jesus, ai Samol, En Ka men amwarar
Ka tinoch lap seni ekkewe fuu; Ka lingoch lap seni
Pon ira meinisin, Ka ouchea mwen silver o gold.

En ewe ira mi enlet, Kingen ekkewe king,
Mettoch meinisin a tufich reom.
En ai chon amanau, o Kosap siwil,
Ka usun chok lom o ikenai. ://

21.

Jesus am Samol, Ka tipisin malo,
Ren pwungun kapwung ren ach tipis
Ka aitikem manauen engilo, tipetekison,
Pun am aipwe pwal manaueni.

Chorus:
(Jesus En) ewe chon, (Amanau) walo kich
(Ka pwara) lo om tong, (Ngeni kich) chon tipis
(Am aipwe) weweiti, (Om malo) won ira penges
Epwe alolol ach tongek lon manauach.

Jesus am Samol, Ka chufel ngeni,
Om we irapenges lon metek chapur
Om riafou metek, pokiten om tong,
 Tong enlet ngeni chon fonufan.

Kilisou Jesus ren Om tongei kich,
Poluku leniom mi ling lon lang
Malo fan itach, ka pwal manau sefal,
O a ina ach apilukallim.

22.
Ese lea ngenei (ese lea ngenei),
Ai upwe alleani (ai upwe alleani)
Ese uku ngenei (ese uku ngenei),
Ai upwe auku (ai upwe auku)
Koukun An Tong o Umoumoch,
A pwalo won chukun Calvary
Ren An Jesus malo won An irapenges
Pokiten ai tipis.

Chorus:
Pwata En Maing Ka malo fanitei
Kose kuna ai lukumach ngonuk Semei
Nge kilisou ren ei manaw
Ka fangeto pwe upwe manaweni
Upwe tufich upwe fituk lon Paradais.

Ewe oukukun riafou (ewe oukukun riafou)
Maing EnKa aani fanitei (Maing En Ka aani fanitei)
Ese fichi ngenei (ese fichingenei)
Ai upwe iteni Noum (ai upwe iteni Noum)
Usun an Piter amam En fan ulungat,
Mwen an chuko esamwo koko
Ngang mi amam Itom fan chomong
Mesei-an fonufan.

23.
Forien poum meinisin a mwirinno,
Itom iit mi tekia mi Samol
Ka ling o pwal unusoch Jesus ai Kot
Meinisin a for fan itei lon Jesus Kraist
A nonom feilfeilo chok.

Chorus:
Kilisou Jesus ai Kot, Ka fang meinisin fan itei
Ngang emon aramas tipis nge Ka angasaeilo
Ka afeiochu ngeniei lon Jesus Kraist
Feiochun chon piin kana.

Ami mi weiresikis, ou feito Rei,
Feito ami mi chouchou, riafou
Kinamwe, feioch, o tufich a nonom rei
Meinisin a kii ngeniei lon Jesus Kraist
Samolun lang o fonufan.

24.

Ese pwal wor emon pwipwi, mama, papa
Tongei kich usun Jesus, A fang manauan
Lupwen A ma fan itach, I ewe asoren chon tipis.

Chorus: An tong mi fokkun chapur,
            A feitiw woi o atapaei
            An tong esap mwuchulo,
            Epwe nonom rech feilfeilo chok. ://

Jesus A achenuk, sor emon a lap senuk,
En ouchea fan mesan, Ion fansoun riafou
I Epwe arap ngonuk, Epwe fituk le ran o le pwin.

25.

Kot, Ka fen silei pwe ngang emon
Chon tipis, ese fokkun wor ai tufich
Ren pwisin ngang, nge ua kilisou
Pwe ua tongeni kori itom
It mi tekia, it mi manaman, pwe ua kuna ngas.

Chorus:
Upwe luku, upwe luku, upwe luku
Irapengesin Jesus upwe luku, upwe luku
Upwe luku, upwe luku, upwe luku
Irapengesin Jesus upwe luku, pwe upwe manaw

Sopwelo le emweni ai ekiek, pwe upwe longolong
Ai lukuluk Ion ai Samol, pwe upwe uta pochokul
Usap mokutukut ren asepwalin ei fonufan mi ekeriafou

26.

Sipwe kilisou kich chon fonuenfan
O sipwe pwan mwareiti ei umoumochun Kot
A fangalo Noun we Aleamon
Pwe io mi luku I epwe kuna manaw.

Chorus:
Manaw sefalin Jesus Kraist
Manaw sefal lon Jesus
Iei ach apilukoch, Manaw sefalin Kraist
Sa kuna ach ngasalo

Kinekineto pwal maramareto iei
Kopwe rongorong ngeni Kapas Allimen Jesus Kraist
An malo, peias manaw sefal
A win o pworacho, tipis malo ra kuf ren.

27.

Ureniei popun, popun An Jesus feito (2x)
O pwata pwata pwata a malo, kuna turunufas
Itengaw, won ewe irapenges

Fan itei pwal fan itom
A mwarei ach pungungaw meinisin
A pupula chaan fan itach
A kechiw ngeni Kot, Eli Eli lama sapak dani

28.
Sa chufengen ikenai fan iten ach Samol
Chu lon ewe tongen Kot ngeni kich meinisin
/: Iei popun sipwe lukuluk lon letipach,
O riri eu chok lon eu piluk. :/

Chorus:
O sa pwai su nge sa pwai lo
Won ach ina tongen Kot
Epwe (epwe) ngeni (ngeni)
Chiechiach kana
Me pwiich kana meinisin. ://

Fansoun meinisin sipwe riri fengen
Lon ach ei angang fan iten ach Samol Jesus
/: Pun epwe wor kinamwe lefilach meinisin
Are sipwe fokkun tipeu chok. :/

Ran allim ami pwich soulang kana meinisin
Nge oule pwal nonom nge pwal akapochokkul
/: Oute chok afangafang lon ei fansoun,
Site mitilo sa osupwang. :/

29.

A ifa usun lon letipom
Ngeni ei koko An Jesus
A kokoruk lon An tong mi lapalap,
A resin fichifich lukun asamom.

Chorus:
Nge pwata kosap mefi usun An
Riafou weires witiwituk?

Ka nomwun ifa om kose mefi
Usun An Jesus tongei kich
A kokoruk lon An tong mi lapalap
A fokkun mochen kopwe kuna manau.

Esap tongeni An Epwe liwini
Ach fofor mi ngaw mi chapur
Om tipis ina popun A kokoruk,
Pwe Epwe angasakich seni tipis.

30.
Jesus A uta lukun o fichifich
Aluwol fopwul sipwe suk ngeni
Asamen letipach epwe tolong lon
Pun i chok kingen manawach ://

Pwata iei me forean letipach ngeni Jesus Kraist
Nge a malo pwal manaw sefal,
Faniten tipisin kich meinisin
O mwut ngeni Jesus epwe tolong lon
Letipach kich meinisin
/: Pun Jesus A fen apasa,
Ngang ewe al, enlet o manaw. :/

31.
Kot mi wesewesen tonge-ei,
Mi pwal wor An akkot ngeni manauei
/: Iei minne A tinato Jesus,
Pwe Epwe angasalo chon tipis. :/

Chorus: Lon Jesus, Lon Jesus, (sipwe kuna manau)
         Lon Jesus sipwe kuna manau. ://

Ita en io kopwe pwisin filata,
Om akkot me lukun filien Kot,
/: Pun filiom kopwe feiengaw ren,
Pun esap ina letipen Kot. :/

32.

Usun u fen kuner, nge ra fetal won piien lang
Ra chok mwareiti Kot, pun An we tong chapur
Atongei kewe, ua fokkun pwositiir
Nge ua silei ika ra tongeni repwe ureniei
"Auwa fokkun pochokkul, Ause chuen mefi metek
O eseor leni a eoch lap seni lang
Aua pwal pwosituk, nge aupwe chok wituk
Tori ewe fansoun lupwen sia chufengen lon lang.

Chorus:
"Amo ka nom rei, lon ei leni mi lingoch
Amo ka nom rei, ese wor osukosuk,
Ese pwung ran a chok saram,
O ause kuna chonun mas
O kuna kinamwe, amo ka nom rei."

Usun u fen kuner, nge ra chok fetalfengen
Ra kapas ngeni Jesus, usun An tong ngeniir,
Atongei kewe, ra chok fetal lon kinamwe
Nge ua silei ika ra tongeni repwe ureniei

33.
Upwe pesei ngeni, ngeni ami soulang lon Kraist
Meinisin mi aani ngas lon Jesus Kraist
Ousap lonilen, lonilenesini och mettoch
Pun lon ami osupwang meinisin

Chorus:
Oupwe iotek me kilisou, oupwe esilei ngeni Kot
Ami mochen kana meinisin, pun I Epwe alisuk
Oupwe moneta won Kot, ami ourek are lonilen
Meinisin pun I A ekieki feiochum.

Iei minne pwii, achengicheng meinisin lon Kraist
Ousap tipemwaramwar lon ami soulang
Oupwe awora ekiekin apilukoch
Me tipepwos lon ach Samol Jesus.

34.
Ai Kot, En Koten tong me umoumoch
Ka emweni ngeni ei chommong feioch
Iei popun ngang upwe angang ngonuk
Ren unusen ai ei tong me ai tongeni.

Chorus:
Anisi ei lon ai angang ngonuk, Pwe upwe alukuluk,
Pwe upwe aani tong, Le pwari itom, En chok ai Kot
Pwe upwe angang ngonuk lon manauei.

35.

Esap osukosuk fansoun meinisin,
Epwe poluenuk fansoun om koko
Esap sapesenuk lon om osupwang,
Ka tongeni churi Jesus fansoun meinisin.

Chorus:
Kokori Jesus Kraist Epwe alisuk,
I chok A tufich lon mettoch meinisin
Ese pwal wor emon me won fonufan,
Epwe usun ai Samol lon An alilisoch.

Fonufan a kuf ren, Satan a kuf ren,
Pun A tufich pwata seni lon peias
A pwal angasalo chomong aramas
Ka pwal tongeni ngas ren om chok luku itan.

Suki noum Paipel, pun kopwe kuna,
Tong, kinamwe, pwapwa seni An kapas
Mwut ngeni manauom Epwe emweni
Pun epwe pung o epwe fat fetalin ngunum.

36.
Ren chufolun Poum, Chufolun Pechem,
Om tong ngeni ei a pwaalo;
Folufolun Mwarum, a pwari usun,
Metek, weiresin Om tong.
Tori fansoun ese mwuch, Kilas-um resap mwolo
Pun ra pwari feilfeilo Om tong ngeni ei.
Upwe pwarata – Ai tong feilfeilo, letipei feilfeilo,
Manawei feilfeilo, Om chok.
Ai tong feilfeilo, Letipei feilfeilo,
Manawei feilfeilo, Om chok – Om chok.

The nails in Your hands, the nails in Your feet
They tell me how much you love me;
The thorns on Your brow, they tell me how
You bore so much shame to love me.
When the heavens pass away,
All Your scars will still remain
And forever they will say just how much You love me.
So I want to say – Forever my love, Forever my heart,
Forever my life is Yours.
Forever my love, Forever my heart,
Forever my life is Yours – It's Yours.

/: Ai tong feilfeilo, Letipei feilfeilo,
Manawei feilfeilo, Om chok :/
Om chok.

37.

(Chechemeni) Kopwe pwapwa le aluwolum
Letipom epwe meseiik
(Chechemeni) Pun Kot Epwe apwunguk
Ren om kewe fofor me won fonuenfanei
(Chechemeni) Kopwe pwapwa le aluwolum
O angang ngeni Samol Jesus
(Chechemeni) Ka chuen tongeni kuna
Saramen akkar maram o fuuen lang.

Chorus: Lupwen om nelo me mour,
        Ka akkomwen rong kolun mansusu
        Nge a solap pun kosap chuen kuna
        Saramen lang me totan akkar
        Pun ka chinnap o mesechuun.

(Lon fansoun) Poum, pechem, inisum epwe chechech
A tori om apwangapwang
(Lon fansoun) Selingom epwe pungulo
O kosap chuen kan rongorong
(Lon fansoun) Ka weires le fetal won
Ekkewe leni mi kan tekia
(Lon fansoun) Ka apwangapwangen chinnap
Iitilo won kieki o kekechiw.

38.
Pwapwa kilisou ngeni Samach Kot mi nom won lang
Ren An umoumoch ngeni kich
Manauach a pwal tori lon ei ranin ikenai,
Pokiten An tong mi lapalap.

Chorus:
Siwili (o siwili) letipach (kich meinisin),
Ngeni epwe fis pwe lenian
Poutalo tipekoum, ngunungun, amosola,
Pwe ach soulang esap fis ren.

Aluwol fopwul kana oute tourur ngeni
Ou chelo chok chelo ngeni mwan
Oute akalamalam, pwur echok nge mwarei chok
Pwe epwe le touou seni kich.

Sipwe chu ren tipeu, fori pungun fonuach
Pwe itach lon mwuu o lon lamalam
Itepok won ruesop, pwe ete kok waach ei,
Sa osukosuk osupwang.

39.
Kot tinato Noun itan Jesus, A pwari An tong,
Amwusalo ach tipis; A manau, A ma, moni liwinin tipis
We peias mi pon a pwarata pwe Jesus a manau.

Chorus: Pun Jesus A manau ua tongeni kuna lesor
          Pun Jesus A manau eseor niuokus
          Pun ua silei I A kamwoch lesor
          Manauei a mwirrino pun Jesus A manau.

Iwe eu ran, ei saingon manauei, iei sopwolon
Ai we metek; Lupwen manauei siwil ngeni
Manau mi ling; Ua silei pwe I A manau Jesus ai Samol.

40.
Use tufich fefetal, won ei alen siamwu
Pun ngang mi apwangapwang,
Cheriei, Maing Jesus, ai Samol.

Chorus:
Cheriei Maing Jesus Kraist, amwochunuku pei
Pun ngang mi apwangapwang,
Cheriei, Maing Jesus, ai Samol.

Chommong ai apwangapwang, ese pwak ren aramas
Nge ren Jesus chok a pwak,
Cheriei, Maing Jesus, ai Samol.

41.
Uta ko uta ne kote tipemwaramwar,
A kan An Jesus Epwe le feito.
/:Pwe Epwe le angei Noun mi tupwol,
Alonilen ren kich sise etiwa I.:/

Chorus:
Kote seres pochokkul lon ei matau mi lapalap
Ete toruk rian matau, ka osupwang. ://

Kich soulang meinisin, sipwe le pungutiw,
Sipwe le pungutiw unusen letipach.
 /:Sipwe le pungutiw leten ach asor,
Site meseniaw, sa osupwang.:/

42.
Pun iei usun An Kot A tongei kich chon fonufan
A tinato Noun Aleamon pwe Epwe malo fan itach. ://

Chorus:
A kuna turunufas (me won An irapenges)
Pokiten ach pupungaw (kich chon fonufan meinisin)
A malo pokiten ach tipis. ://

Met mefien letipom ren An Jesus irapenges
Pwata kosap kul sefal
O fang ngeni Jesus manauom. ://

43.
Me lom lon ranin Noa, mi ngaw ar fofor
Letipen Kot A metek
Kapwung epwe feito pun Kot A song ngeniir
Noa chok a kuna chen, alon Kot, "Kopwe fori waaimw."

Chorus:
Ou tolong, asam mi suk, waaimw a moleta
Jesus A koruk, "Kopwe töta won."
Ewe noter epwe feito, epwe le pung ran
Jesus Epwe tumwunu kich are sa tolong.

Meinisin ra takir lupwen ra kuna minne Noa a fori,
A feito ewe noter, a poputa pung ran
Meinisin ra chochon, nge ren Noa chok ra pwas.

Jesus I ach Waaimw, sipwe fiti I won matawen manau
Fansoun ewe noter, o a utumong
Sisap niueiti kokolo, pun ren Jesus sipwe manau.

44.

Kich aramas meinisin mi mochen kuna manau
Sipwe suseni molumolun fonufanei
/: Suri Kot ach lenien op,
Mi pochokkul usun nouch Paipel apasa. :/

Chorus:
Ua neta mesei ngeni ekkewe chuk
Ia epwe war ai alilis me ia?
/: Ai alilis epwe war,
Ai alilis epwe war meren Samach Kot. :/

Mesemesekis ach osupwang fonufanei
Mesei a lonilen sengiseng lon lelukach
/: Suri Kot ach lenien op,
Mi pochokkul usun nouch Paipel apasa. :/

45.

Sipwe tumwunu manawach,
Ekieki ewe ran, Ranin Ach Samol;
Epwe war usun emon chon sola lepwin,
Esor emon a silei.

Chorus:
Sipwe amwol fochofoch, lon unusen manawach
Sipwe likitu lon ach soulang, fansoun meinisin.

46.

We aleamon 'sor tipisin, nge Kot tinato seni lang
Pwe Epwe nom won fonufan, o wiliti we Lamen Kot.

Chorus:
O Lamen Kot, we Lamen Kot,
Ua tongei we Lamen Kot
Epwe limoch lon letipei,
Ren chaan Jesus we Lamen Kot.

Ra takiri An we metek, ra pousapei mesan mi piin
Ra wata won irapenges, o nielo we Lamen Kot.

Ua nonom touau seni Kot, ua niuokus lon ai tipis
Nge Jesus Kraist A kutaei, o ait ngeniei ewe alen Kot.

47.

Chorus:
Ua tongei Jesus, Ua tongei Jesus
Ua tongei Jesus, Pun I a tongei akkom

A wor eu lit ua tongei, Lupwen ua rongorong
A ngiioch mwen kol meinisin, A achipa letipei

Iei itan ai Chon Amanau, A malo fanitei
Pwe Epwe mooni tipisi, Amanawa ei ren chaan.

48.

Nengeni ewe Lamen Kot, a uwei tipisin fonufan
Esap wor lapalapochun, esap pwal wor lingochun
Pwe sipwe tongeni pwapwa le katon
Esap pwal wor mesochun, pwe sipwe efichi.

Chorus:
Nge A kinas pokiten ach pupungaw
A tatakis pokiten ach fofor mingaw
/: Liwinin ach tipis a nonom Pwe sipwe kuna kinamwe
Nge ren An kinas kana, A amwolo ach tipis. :/

A kuna turunufas, tamepich me ren aramas
Emon Mwanin cheuch, A sip le riafou
Emon mi aniopwut, sia opwa seni mesach
A itengaw pwe sa ekieki, Esap wor ouchean.

49.

Nengeni ewe Lamen Kot, A feitiw ngeni fonufan
Epwe angasalo kich seni ach kewe tipis
Me won ei fonuenfan. ://

Kich soulang sipwe ekieki, ouchean ei ran ngeni
Manawach; Etiwa Kraist ren ach luku lon letipach
Sipwe feioch lesopwolon. ://

50.
Sipwe mwareiti Samach Kot mi lapalap won lang
Sipwe mwareiti Samach Kot mi lapalap won lang
Ewe mi tekia o piin, I ach King sipwe asamolu
O allea ren alleasochis lon fansoun meinisin.

Chorus:
Samol Kot ngang emon chon fotek lon tipis,
Ka angasaei; Maing Jesus pwe upwe wiliti emon noum
Ua ngas ren om tong mi lapalap, upwe alleasochis En
Lon tipetekison me wenechar me ai tiw me ren Kot.

Sipwe apilukuluku An Kot tong mi let o unusoch
Sisap niuokus lupwen osukosuk ra pweilifeili kich
Ua kikinamwe lon manauei, ren Om alilis mi alukuluk
Emweniei Maing lon Om we pwonen al mi weires.

51.
Alon ai Chon Amanaw, "Nei, ka apwangapwang,
Mamasa o iotek, kuta loi om pochokkul."

Chorus:
Jesus A moni ai tipis kana
Limengawen tipisi A limeti ren chaan.

Ese wor rei och asor, epwe apwapwai Kot
Asoren chaan Jesus chok, epwe moni ai tipis.

Lupwen upwe feilo lang o uta fan mesan
Upwe kolun mwareiti, o pwarata feilfeilo –

52.
Lon fansoun ai pwapwa o pwal ai riafou,
Lupwen ua letipeta
Inaamwo ika eseor poluan,
Upwe luku lon Kot ai Samol.

Chorus:
Ua silei (ua silei), kinamwe (kinamwe)
Ua silei kinamwe lon manauei.

Lupwen atongei ra likitieilo,
Lupwen ua chok alleamon
Ua sacheta lang, o tungorei Jesus
Pwe Epwe achipa letipei.

Ua chou ren ai tipis, ua mefi weires,
Tori Jesus A feito rei,
A angei seniei ai tipis meinisin,
O A fang ngeni ei manau semwuch.

Eu ran Epwe feito lon kuchu mi ling,
Jesus Epwe liwinsefal
Chon malo lon Kraist repwe uta akkomw
O sipwe chufengen ren Jesus.

53.

Soulang repwe tin lon kiroch usun lamp lepwin
Epwe pwa ngeni chon nom touau
Fori wisen soulang etina saramen Kraist
Saram epwe tin lon ach mwich.

Chorus:
Saram epwe tin lon ach mwich,
Saram epwe tin leniom
Om saram epwe tin ngeni chon lukun kana
Meinisin repwe saram ren.

Alamota ewe manau Kot A fang ngenuk
Lon ach lamalamen Jesus Kraist
Chommong repwe feioch ren ar etiwa Jesus
Saram epwe tin lon ach mwich.

Feiochun chon likitiw le kuta kinamwe
Pun ach Samol Epwe pwapwa ren
Alisi chon touau seni lenien kinamwe
Repwe angei manau ren Kraist.

54.
Kot A nenetiw, A kuna weiresin Noun aramas
A kuna kokotongawan lon manawach, chon fonufan

Chorus:
Jesus Epwe angasok, Jesus Epwe angasok
Jesus Epwe angasok seni om weires, riafou, osochou

Ewer mi pwung, Kraist A weires
Nge sisap sopwei, sopwei
Ei manaweni ew manaw mi eniopwut fan mesen Kot

55.
Lepopun mi wor ewe, ewe kapasen Kot
A nonom ngeni Kot, o aani sokkun Kot
A nonom ngeni Kot seni lepopun
/: A feitiw fonufan, wiliti aramas. :/

A tori fonuenfan, resap etiwa,
Esap wor lenian meren chon fonufan
Ifa usun en me ngang, mi wor lenian
/: Filata Jesus Kraist lon ei ran ikenai. :/

Jesus Kraist A fichifich lukun asamom
Mwitir suki ngeni pwe Epwe tolong lon
Jesus A fokkun mochen Epwe alisuk
/: Mwitir suki ngeni pwe Epwe tolong lon. :/

56.
Jesus Kraist Kose mochen kopwe emweniei
Pwe upwe fetal lon Om we saram
Lon ai aleamon, letipei epwe chemeni
Pwe En Kosap likitieilo.

Chomong resap atenekiei
Lon ai niuokus o lolilen
Ese wor emon epwe echipa letipei
Pun En ai Kot ai pwos mi nonom reom.

57.
Upwe mwareiti ai Samol, ai King, ai Chon Amanau
Lon ai manau won fonufan upwe asamolu I.

Chorus:
Mi tekia, mi amwarar, upwe kolu feilfeilo
Tekian me amwararan usun An tong ngeniei

A iotek lon An riafou ren tipisin fonufan
A mwarelong fan ach tipis fan iten An tongei kich.

A walo ai tipis kana, o aani ai riafou
Fang manauan won Calvary o malo ren fan itei.

Fansoun upwe churi ai King o kuna I lon An ling
Upwe fel ngeni o kokol usun An tong ngeniei.

58.

Chorus:
Amo ikenai (Amo ikenai), Jesus Epwe liwinto
Amo ikenai (Amo ikenai), Upwe kuna ai Samol
Amo ikenai (Amo ikenai), Upwe kuna ngaselo
Jesus Epwe feito,
Angei ei ngeni lang,
Amo ikenai.

Jesus Epwe feito (Jesus Epwe feito)
Use silei menni ran (Amo ikenai)
Mi tufich le ran (Mi tufich le ran)
Mi tufich le pwin (Amo ikenai)
Tori An feito (Tori An feito)
Upwe sacheta lang (Upwe sacheta lang)
Upwe moneta manauei ngeni An feito.

Nge esaamwo pwalo (Nge esaamwo pwalo)
Minne sipwe wiliti (Sipwe wiliti)
Lupwen A feito (Lupwen A feito)
O kori kich (Amo ikenai)
Nge sia silei (Nge sia silei)
Pwe sipwe usun chok I (Sipwe usun chok I)
O sipwe kuna I lon wesewesen lapalapan.

59.
A wor eu ran mi fokkun echipwor, use tongeni monuki
Fansoun ai mwalechlo lon kiroch, Jesus A kunaei
A fokkun echipa letipei, pun A chiechi ngeniei
Nurun a sulo o saram a tolong
Ren Jesus nom lon letipei.

Chorus:
Lang a feitiw o nguni a ur ren ling (a ur ren ling)
Lupwen Jesus A amanauaei (amanauaei)
Tipisi a morelo, ai kiroch wiliti saram
Lang a feitiw o nguni a ur ren ling

Iei a wor rei apilukuluk allim, Epwe nom feilfeilo chok
Pun An Jesus malo fan itei, O pwal An manau sefal
Ngang ua mairu lupwen ua rong usun An tong fan itei
Feioch mi chommong, kinamwe o pwapwa,
Jesus A liffang ngeniei.

60.
Ach kapongen kinamwe ngeni
Ami pwiich soulang kana meinisin
Chen ngeni kemi pwal kinamwe seni
Kot Samach o ach Samol Jesus Kraist.

Chorus:
Etieto, etieto efoch poum, efoch poum
Sipwe kamwoch pun epwe nuk ewe Pwonen lefilach

Ach itelapon kapas ewe,
Lamen pechei o saramen ai al
Sipwe fetal fansoun ewe saram,
Pwe rochopwak ete tori kich soulang.

61.
Ei al ese fokkun kamo, Jesus A fen monatiw
Ngeni chaan mi fokkun manaman,
Feito iei chok fansoun.

Chorus: Lon eu ran sipwe uta mwen Kot, nge pwii
Kopwe feilo ia; Ru al ra itilo mwach, pwii
Menni ka ukuta won? ://

Pwii meinisin sia fen silei, usun An Kot tongei kich
Nge a solap ngeni kich ika sise etiwa Jesus.

62.
Jesus I ewe chon mas, chon mas mi eoch,
I esap likiti noun siip kana,
Pun A apasa pwe "Ngang emon chon mas,
Ngang usap mour, Ngang usap pwal achikichik."

Chorus:
Ai Samol Jesus A manau
Ai Samol Jesus A manau
Ai Samol Jesus A manau, Aleluia mwareiti.

Jesus A manausefal seni soutup,
I A pworaiti tipis pworaiti malo;
A kamwoch ewe flaikin pworacho,
Pun I ewe Noun Kot Alleamon.

63.
Mwareituk En ai Kot,
En Souekiek mi eoch o pochokkul
Koten Kinamwe, Koten Chip, Ka tongeei-ei
Ka feitiw fonufan, Likitalo Om ling o tekia
Angasa kich seni ach fotekin tipis. ://

Asarama, Asarama,
Asarama ngeni ei met letipom En ai Kot
Asarama, Asaramaeilo,
Upwe saram fanitom lon ai angang ngonuk. ://

64.
Won ewe irapenges won Calvary,
 Ikewe Chon Amanau Jesus A koko
"Semei, omwuser, resap silei met iir ra fori,"
Fan itach chon tipis A malo rech.

Chorus:
Jesus A fichifich won asamen letipom
A tungor Epwe tolong lon manauom
Pwe A mochen pwe kosap poutmwalilo
A mochen angasok seni tipis.

Jesus A mwarini ewe ira mi folufol,
Chaan a supwutiw seni won mokuran
An malo a fis pwe alen ach ngaselo
Fan itach chon tipis A malo rech.

Eu ran Jesus Epwe angei kich noun soulang
Sipwe fiti Jesus lon An ling
Ewe mwarin manau a mon fan itach
Sipwe nonom ren feilfeilo chok.

65.
A wor eu leni mi eoch, Kot A fen molata,
A iteni Jerusalem mi Fo
Jesus I ewe Saram, ese wor rochopwak,
Lon ewe telinimwen kolt.

Chorus:
We akkar, esap tupwutiu, pon ira resap ma
O kich pwipwi soulang sipwe tin usun chok fuu
Lon ewe telinimwen kolt.

Sisap chuen samau, esap wor ach metek
O sisap tongeni chinnap
Upwe mwitirilo pwe upwe kuna ai Samol,
Lon ewe telinimwen kolt.

66.
Eu pwinin won ewe saat ewe waa chiweliwel
Chommong nono mi watte asepwal mi pochokkul
Meinisin won ewe waa, ra unusen niuokus
Ra kokori ewe iit, lon itan we mi echipwor.

Lupwen A eitalo poun nono kewe ra ukutiw
Asepwal a lualo pun An kapas "Kinamwe."
Ra apasa "Io ei mwan, mettoch ra euselinga I?"
Jesus A fiti kich le sa, I Samolun saat meinisin.

67.

Jesus A mochen pwe sipwe feito ren
Pwe Epwe ngeni kich kapasen manau
Pwe kich sipwe weri An tong ngeni kich
A mochen pwe kich sipwe nom lon manau.

Chorus: Sipwe feito ren, feito ren Jesus
Pwe A mochen pwe kich, sipwe manau ren
Are kich mi rong, o iseis An kapas
O amwochunuku me lon letipach.

Nge pwata mwo iei sise kan rongorong
Usun An kori kich fansoun meinisin
Pwe I mi songomang o pwal tongotam
Esap ngeni kich liwinin ach tipis.

68.

Fefetal ngang won ei al, tipei pwe mi pwung
Ei al u fetal won; Nge use silei nge ei al mi olukungaw.

Chorus:
Jesus kose mochen kopwe awena ei
Pwe upwe tongeni kuna ewe alen kinamwe
Pwe epwe pwung fetalin manawei me fonufan.

Lolilen osukosuk, fiti chechech pireiir, ren ai uwa silei
Pwe ewe al mi rikingaw ngeni malo.

69.

Efoch irapenges won ew chuuk mi towaw,
Ew asisilen riafou; Ewe achengicheng
Noun Kot A malo, Faniten tipisin fonufan.

Chorus:
Iei popun upwe tongei en,
Tori malo usap likituk
Upwe kamwoch om irapenges,
Pwe siwilin ei mwarin manaw.

Irapenges mi ngaw me ren chon fonufan,
Nge a fokkun ouchea me rei;
Pun won ewe ira, Jesus A monatiw
O pwal epini manawei.

Soon ewe cha mi pin won An irapenges,
Lingan a fokkun ling amwarar
Pun ewe Lamen Kot likitalo lingan,
Faniten tipisin fonufan.

70.
Etiwa Kapasen Kot me lon lelukom,
kote rongomang ngeni An Jesus kokoruk
Muttir muttir pun kote mang ka sipenuk.

Chorus:
Ngang emon chon mwalechelo seni ewe alen manaw
Sa tungor reom Maing Jesus Kraist tongei ei, alisi ei.

Kich soulang kana site to-urur ngeni,
Kokkon ach Samol Jesus A resin kori kich
A ko lon kol, ko lon fos, afalafal.

71.
Ei fansoun a lapelo osukosuk kosap silei,
Pun a arap fansoun Ach Samol Jesus Kraist
Epwe le war.

Chorus:
Sipwe amwol fochofoch, sisap silei ewe fansoun
Ach Samol Jesus Epwe pwalo ngeni kich.

Mi ouche sipwe silei nonomwun lon manawach,
Ika sisap fiti Jesus lon fansoun Epwe angei
Noun meinisin.

72.

Irapenges, ourata tong
Kingen Manaw, nge A malo
Ren An asor won Calvary,
Irapenges ina iran manaw ngeniei.

Irapenges, seian umoumoch,
Jesus A siwili leniei
Ren An asor won Calvary,
Irapenges ina iran manaw ngeniei.

Irapenges, unusochun Kraist;
Pokiten An tong, A kuna saw
Ren An asor won Calvary,
Irapenges ina iran manaw ngeniei.

Irapenges, nguni a ngas
Ren kinasan uwa kinamwe
Ren An asor won Calvary,
Irapenges ina iran manaw ngeniei.

73.
Ika kopwe takiri minne upwe apasa,
Usap saw ren, usap saw ren
Ew ran uwa tungor Jesus angei manawei;
Iwe, a fis ai upsefal.

Chorus:
Upsefal ew watten feioch lon manawei,
Usun chok Jesus a fen apasa
Upsefal nge pokiten chok Calvary,
Fokkun pwapwa pwe uwa upsefal.

Emon mwan a churi Jesus lon puken John,
A niuokus, a niuokus
Uwa luku Jesus pwe ka feito seni Kot,
Jesus a ureni kopwe upsefal.

Pwal iei mefien Jesus ngonuk ikenai,
kopwe upsefal, kopwe upsefal
Achiou, Achiou pwe are kosap upsefal;
Iwe, en kosap tolong lon mwuun Kot.

74.
Siowa ai Kot, En Ka silei usun manauei lon ei fonufan
Kosap nini ngang ren ai tipis, Kopwe tongeiei o alisiei.

Chorus:
Upwe pwari meinisin ngeni ai Kot,
Pun epwe wor kinamwe lon manauei
Ese wor ai pwak ai tufich lukun Jesus,
Upwe pwari ngeni Kot meinisin.

Siowa ai Kot, En ai Samol, Ka achipaei lon ai riafou
Ka opwaeilo lon poum mi eoch,
En chok ai manau o ai pochokkul.

75.
Are en mi mefi weires, wato meinisin ren Kraist
I Epwe ngonuk kinamwe, are kopwe feito ren.

Chorus:
Sa mo ren liwin mi momong,
Chaan Jesus A moni kich
Sipwe fang manauach ngeni,
Sipwe elingalo I.

En mi ngas ren chaan Jesus Kraist,
Kopwe fetal lon saram
Kosap animwali om ngas, kopwe elingalo I.

76.

Jesus Kraist ewe Kingen King kana,
Lon lang o pwal won fonufan
Itom epwe ling feilfeilo chok,
Jesus Kraist Epwe liwin sefal.

Chorus:
Ousipwe souni I, Epwe liwin;
Jesus, ewe King, Epwe war
Sipwe souni I, o mamasa,
Jesus Kraist Epwe liwin sefal.

Sipwe chemeni fansoun meinisin,
Jesus Kraist Epwe liwin sefal
Esap fokkun mang, epwe wareto,
Jesus Kraist Epwe liwin sefal.

77.

A-a pwa chenin Kot,
A fang noun achengicheng
A-a amwusa ach tipis,
Sa wiliti noun Kot. (2x)

Unusen ngaselo ren chaan Jesus
Limeti seni ach tipis. (2x)

78.
Mwelien Jesus A koko pwetete, A koruk, A koriei
Ina-I A uta o resin witiwit, A sounuk, A souniei.

Chorus:
Feito, Feito-o-o,
En mi osochow, feito-o-o
Mwelien Jesus A koko pwetete,
Koko, "Chon tipis, Feito."

Pwata sa mang ngeni An Jesus tungor,
Tungorek, Tungoreei
Pwe sisap chuen omonungaw seni,
An tongek, An tongeei.

79.
Chorus: Ua fangelo, Ua fangelo,
             Mettoch meinisin ren Jesus, Ua fangelo

Mettoch meinsin mi nom rei, Meinisin mi auchea rei
Upwe fangelo ren Jesus, O tapwelo mwirin I

Meinisin met ua mochen, Ika mi u ngeni I
Upwe poutalo seni ei, O tapwelo mwirin I

Aramasei me atongei, Manaw mi itefoula
Upwe fokkun likitalo, O tapwelo mwirin I

80.
Seni lon lelukei ai Kot uwa kilisou ngenuk,
Om tong a pwalo ngeni ei won chukun Calvary.

Chorus:
Uwa tungor fang ngeni ei, ew letip tekison,
Tipefesir, alleasochis, rong ngeni om Kapas.

Seni lon lelukei ai Kot uwa tungor ran me ran
Fori lon ngang usun met en ka mochen fanitei.

Walong lon letipei ai Kot ew letip kirokiroch
Pwari lon ngang om tong enlet, mi omusa tipis.

81.
Amwolata ami soulang pwe a ling pien lang,
Iei fansoun alukuluku pisekich kana.

Chorus:
Nengeni a ling ewe pii en lang,
Meinisin sipwe tiwelo won
Sipwe churi chienach soulang mi akkomw
O nom ren Jesus feilfeilo.

Tumwunufichi manauom pun kote tunalo
Are a pwuu ewe sewi sewiin koko me lang.

82.

Jesus Kraist en Nazaret lon malamal Ketsemeni;
Ikkewe A chuuri Kot Saman lon lang,
Ikkewe ie A ollo o tolong lon poun sounfiuen Rom;
Nge A pwisin kuna afangema meren Jutas.

Chorus:
Iioo – Iioo ouwa kuta?
Jesus en Nazaret,
Ewe A ollo, kuna afangema o fotek.
Nge ifa usun om ekiek,
Ka pwal kuta Jesus en Nazaret,
Ren unusen letipom, ren om ouchaani An irapenges?

Ifa usun ikenai io ka kuukuuta lon manauom?
Nge Jesus A fen fotek, irapenges, malo fanitach.
Pwata sisap mefi ukukun An riafou weires fanitach;
Sipwe likitiw o iotek, o mamasa.

83.
Lon ai nonom won fonuenfanei,
Tipei esap mochen etiwa
Chommong, chommong ekkewe
Porousen malo mi kan toriei.
Tipei chei pwapwan fonuenfanei
Pisekisekin me lingochun
Ra pani letipei, ochuna mesen letipei, arukalo ai ekiek.

Nge a fis ngeniei lon eu fansoun pun malo a tori inisi
Nge ua silei pwe upwe uta fan mesen ai Kot
Pwe upwe le kuna apunguei.

Nge ra wato ewe Puken Manau, Ra poputa le kuta itei
Seni le poputan tori le sopwolon, Ese mak itei.

Nge I A ken apasa ngenei, "Kole liwin, ese mak itom."
Ua chechech, niuokus pworetiw ua kechiw,
Kechiw lon ai liamam.

Chorus:
Uuu-uuuu, ai Samol Kose mochen
Kopwe ngeniei eu fansoun upwe tongeni aier sefal. ://

Ei lios mi allim ngeni kich, Kich aluwol fopwul meinisin
Iei chok ach fansoun pwe site usun ewe mwan,
A kechiw lon an liamam.

84.

Oh, oh, oh, atongom ika ka tunalo
Nge a tori kapwungun fonufan
Kopwe fokkun ruko, ngungurus lon om kechiw
Ren watten om liamamalo
Nge a fokkun ser lupwen kopwe poputa sio
"Jesus amwusalo ai tipis,"
Ese wor suspend, ese wor paking,
Fokkun tipis chok, tipis chok.

Oh ai Kot, Kose mochen Kopwe amwota
Ai fansoun kapwung pwe use mwo moleta
Upwe aier sefal, siwili lon manauei
Fang ngonuk ai tufich meinisin
Nge a fokkun ser lupwen om mefi om liamam,
Pun a tori ewe fansoun
Ese wor suspend, ese wor paking,
Fokkun tipis chok, tipis chok.

Okosukosuk, manauei lon ei fansoun
Ai ua tori chepelin chosa
Epwe pinelo awei, mwuchulo ai pochokkul
Usap kuna alen ngasalo
Use tufich echok upwe le liwinsefal,
Upwe akkomw etiwa Kraist
Kapwung fangeta mwo, riki seni ai kapwung
Fokkun tipis chok, tipis chok.

85.

Kot A nenetiw won ei fonufan;
Esap wor emon mi mochen kuta Kot
Iir meinisin ra kuta pwisin ar,
Nge resap mefi ar ra mwalechelo.

Chorus:
Iei usun An Kot A tongei fonufan,
Pwe A fangalo, Noun we Aleamon
Io mi luku I esap ma-feiengaw,
Nge epwe aani ewe manaw esemwuch.

Lepwin emon mwan mi feito ren Jesus;
A pwisin mefi an a mwalechelo
Esap weweiti an epwe upsefal;
Kraist A nengeni ei mwan o apasa:

Are en emon mi towaw seni Kot;
Jesus A mochen Epwe amanawok
A fang manawan pwe kopwe kuna ngas,
Feito ren Jesus pwe kopwe upsefal.

86.

Mettoch meinisin mi aani ngasangas,
Sipwe mwareiti ewe Samol
Lon lang o pwal won fonufan,
Sipwe mwareiti o elingalo I.

Chorus: Manau a tori kich chon fonufan meinisin
Sipwe pwapwa o mwareiti Jesus.

Maram me fuu ra pwal titin mwareiti
Ewe Samol mi tekia
Uut, noo, asepwal ra pwal pwarata,
Pwe Jesus chok Samol.

87.

Ai Samol Kot, umoumoch ngeni ei
Usun minne mi fich ngeni Om tong enlet,
Usun minne mi fich ngeni Om umoumoch,
/: Kopwe töluelo ai kewe fofor ingaw. :/

Kopwe alimaei, iwe, upwe limoch,
Kopwe töluei, upwe pwechepwech seni snow.

Kopwe auraeilo ren pwapwa o chengel,
Kopwe forata lon ngang eu letip mi limoch,
Isenalong lon ngang eu nguun mi fo o pung,
/: Kopwe sukalo tinawei, pwe upwe mwareituk. :/

88.

Lupwen lelukom a chou o kiroch chemeni An Kot tong
Lupwen lelukom a tatakis o kapas eiis,
Chemeni An tong lupwen ka mefi riafou
O lonilen, chemeni An Kot tong.

Chorus:
Tongen Kot a mosonotam o kirokiroch,
A omwusa tipis o menukalo minne ach pupungaw
O tongen Kot, tongen Kot, popun ai pwapwa.

Lupwen feioch a pupu ngonuk,
Chemeni pwe iei An Kot tong,
Lupwen lelukom a kinamwe o meseik
Kopwe fokkun chemeni pwe I ewe Koten tong
Mi awora ekkei meinisin.

89.

Ua tolong eu leni mi eoch, Lupwen we akar a kan tota
Ua rongorong ewe Kapasen, Ai Samol a ureni ei

Chorus:
Ua fetan ren o chufengen ren, Ai Samol mi Murina
An Kewe Kapas mi echipwar, Ra achipa letipei

I a ureni ei usun tong, O pwar ngeniei an umoumouch
Ewe kinamwe I a ngeni ei, A sopwelo le nonom rei.

90.

We chenin Kot mi tori kich meinisin
Iteiten ran lupwen sia pwata
A feiochuch tori lepwin mi rochopwak
O tumwunu kich lupwen sia mour

Chorus:
Upwe pwapwa lupwen ua chechemeni
We chenin Kot A pwellifeiliei
Usap niweiti met epwe tongeni fis
We chenin Kot epwe tumwunuei

We chenin Kot A emweni kich aramas
Pwe sipwe wewe usun an Kot tong
A pwarata ngeni kich usun Jesus
We Chon Sele A amanawa kich

We chenin Kot epwe nonnom lon letipach
Lupwen sia fetal lon Paradais
Sipwe mwareiti An Kot pin o umoumoch
O enlinga an chen feilfeilo chok.

91.

Fonufan, Fonufan, Fonufan
Lenien chommong ai tipis ://

Chorus:
Esor ekis ian sipwe ngasolo me ia
Mi chok wor ew
Lenien ngasolo mi nom ren Jesus
Feito iei, Feito iei, Feito iei
Ren Jesus

Marujiana o unupuch, mochenian
Ei fonufan ra fokkun nemeni sarafo ://

Ngunungun, lolowo, tipekoum
O pwal esit, o pwal chommong chienen ai tipis ://

92.

Am meinisin aua mwalechelo, usun chok siip mi kuta pwisin ar; Am aua sip me lukun lingen Kot;

Nge Om ling ina met aua mochen kuna,

Fan mesom ina ia, aua mochen nom, O Kot –

Chorus:

/:Pwari Om tong ngeni kem, Achasefali-kem, Omwusa kem, Alisi kem, Aua mochen, Liwin sefal Ngonuk. :/

Jesus we Lamen Asor ngeni Kot,

A niiniilo pokiten am tipis

Kuna kopwut, turunufas, me niinii;

Uweikemito Reom, Samach Kot, lon Jesus,

Aupwe fel ngonuk pun, aua limoch ren chaom, O Kot –

93.

Asisilen (Asisilen) An Jesus Epwe (An Jesus Epwe) Liwin, Liwin, Liwin sefal. ://

Chorus:

Epwe wor fansoun mwuu-ngaw

Epwe wor efeiengaw, osukosuk, me riafou,

Ekkei asisil ra pwarata, Liwinsefalin ach Samol. ://

Ka molleta (Ka molleta) an Jesus Epwe (an Jesus Epwe); Liwin, Liwin, Liwin sefal. ://

94.
Kilisou chapur pwal kilisou chok,
Ren ei oukukun chen Ka ngeni ei
/: Met upwe mon ngeni usun Om tongeei,
A solap ren ai lukumach. :/

Chorus:
Io nan epwe asolapa,
Liffangan manau meren Jesus
Ka umwes ika kose kuna
Oukukun chenich meren Kot. ://

Ia chen me tong ra nonom ie, ra nonom le poun
Samach Kot won lang
/: A resin chei ngonuk nge kose ukutiw,
Fonufan chok lon mokurom. :/

95.
An Kot umoumoch mi echipwor, a fokkun amwarar
A ekieita seni tipis, lupwen ai mwalechlo.

A tumwunuei lon riafou, o lon letipeta
Lon niuokus me feiengaw a echipa letipei.

Lupwen sia nom lon lang ren Kraist,
Manauach epwe ur ren ling
Sipwe ingeiti we chenin Kot, an umoumoch ngeni kich.

96.

Fonufan me lom lom, ese wor saram
Fonufan mi uren chok rochopwak echok
Jesus Kraist A wato rech ewe saram
Pun ina ewe liffang ngeni kich meinisin.

Chorus:
Sipwe kilisou ren Jesus Kraist, En me ngang
Pun A mochen Epwe alisikich seni ach riafou
Pun iei wewen An upwutiw (ren kich)
Pun A mochen epwe alisikich,
Seni ach tipis me won ei fonufan.

Mwa kilisoun mang met ei ach ngeni Kot
Sise mwo ekieki lolon An ei tong
A pwisin fang Noun we, Noun we aleamon
Pun ina An we liffang ngeni kich meinisin.

97.

Ewe ollukun tong, sipwele rongorong:
"Kopwe tongei monun unukum usun ka pusin tongek."

Chorus:
Ewin onnuk: "Kopwele kan tongei Om Kot
Chon Nemenem ren unusen om ekiek, pwal, o pwal
Unusen om pochokul lon fansoun ran meinisin."

Sisap pwal lolowo, lon ach oput emon, murinno
Sipwe tong fengen, usun kii-iich noun emon chok

98.
Maing Jesus, ai Samol, rong ngeni ai mongungu
Angei pei, akom mwei, won ai al kana.

Chorus:
Usap nioukus pun Ka nom rei, Ka pwal masaei
Ka silei nonomun manawei meinisin.

Maing Jesus, ngang emon noum mi alleasolap
Ngeni Om ourour, mi allim ngeni ei.

Ka silei met a fis nge Kosap nenengeni
Inamwo ka chuen mochen nouni ei.

99.
Jesus, Kopwe amwochu pei
Emweni pechei o masa manauei
Pun ua kuf ren ai tipis apwoluelo inisi.

Chorus:
Turulo mwo, pwal pwata feilo, tapwelo mwirin
Jesus ach Samol, pun sipwe kuna ika
Ia ewe manau a pwupwuto me ie.

Malo ese pwal lifinifil an fansoun ngeni emon aramas
Iei minne sipwe siwili ekiekin lon letipach

100.

Jesus En ach lenien op lon fansoun meinisin
Fonufan a sap ngeni ei, a wor ai lonilen
Nge lupwen ua chemeni ewe irapenges
A wor ai apilukuluk esap wor a weires ngonuk.

Chorus:
Seni Om kapas a pwa pwe En mi Koten kinamwe
Om kinamwe a somwolo seni ach ekiek
Iei met epwe mamasa letipach me ach ekiek
Fan iten ach Samol Jesus iei ach lenien opw.

Lon riafou sosot kechiw, kinasen letipei
Esor epwe weweitiei epwe usun ai Kot
Jesus En popun manauei, fangto ai pochokkul
Pwe upwe alleasochis fori met letipen Kot.

101.

Ua filata upwe eti Jesus (3)
Usap liwin, Usap liwin

Eseor chienei, upwe chok eti (3x)
Usap liwin, Usap liwin

Poluku fonufan, tapwei chok Jesus (3x)
Usap liwin, Usap liwin

102.
An Kot tong mi enlet o lap ngeni ei
Mi pwäpwälo ngeni ei won irapenges
Nge iei use tufichin liwini
Pwe kolt me silfer resap fokkun tufich.

Ua kilisou ngeni Samach Kot
Ren An liffang ngeni ei we Ngun mi Fel
Ua silei pwe A nom lon manawei
Pwe Ngun mi Fel I ewe Chon Oururu.

103.
Ua rong porausen lom, usun ai Chon Amanau
Usun An sio, metek, me supwusupwun chaan,
A malo won Calvary, A mooni tipisi,
Iwe, ua aier o kuna pworacho lon Kraist.

Chorus:
Ua pworacho lon Jesus, ai Chon Amanau
A kutaei, o moniei, ren chaan mi manaman,
A pwarata An tongei ei, Iwe, upwe tongei I,
Upwe pworacho lon Jesus ren chaan mi manaman.

Ua rong usun An manaman, An tongei aramas,
Achikarata chon samau, neneloi mesen chon chuun,
Ua sio, "Maing Jesus, Kopwe amanaua ei,"
Iwe, Jesus A feito rei o ngeni ei manau.

104.

Chorus:

Feiochun itan ewe Samol,
Mi fich ngeni ach sipwe elingalo;
Sipwe kolun mwareiti itan ach Kot;
Kolu 'Feiochun itan, Feiochun itan,
Feiochun itan ewe Samol.'

Mettoch meinisin mi aani ngasangas,
Sipwe mwareiti ewe Samol
Lon lang o pwal won fonufan
Sipwe mwareiti o elingalo I.

105.

Are kopwe pwarata pwe Jesus I mi om Samol
Nge kosap lukuluk lon lelukom kosap kuna manau. ://

Chorus:
Ewer, lamotongaw,
Ewer, lamotmwal ach angang
Are sor lukuluk, lichipwung ngang
Ese wor lukuluk, Lon om angang. ://

A wor wisach meren Kot, angang ren enletin letipom
Nge kosap angang ren pomweni chok
Pun ese wor feiochun. ://

106.
Sa nom ikenai fan mesen ach Kot,
Pun sipwe pwon lefilach
Pwe sipwe tongfengen o alilisfengen,
Lon ach angang fan itan.

Chorus: Sa pwari ach tongei emon me emon
           Lon samau o pochokkul sa pwapwa chok
           Kapas tekison a wato kinamwe - Aloha kaua.

Fansoun osukosuk sipwe tumwunu
O fonou pwiich soulang lon Kraist
Chiechifengen lon we Kapasen Kot,
Arap ngeni Kraist lon An Saram.

107.
Popun An Jesus uputiw fonufan pwe epwe kuta
Ekana aramas mi nonom lon pwisin ar ekiek

Chorus: Mwitir, mwitir uta iei chok (o iei chok)
           Met ena ka pwal ekieki (likiti mwo)
           Kose silei pwe malo epwe le toruk
           Mwitir su ngeni ewe manau

Mwa pwata mwo letipei a iei me umwesum,
Ka chok amwochumwoch lon tipis; ekiekiochuk
Pwe sap emon epwe riafou pwe pwisin en echok

108.

O ai Kot Ka fen silei usun ai ekiek mi chok mwal
Nge mettoch meinisin ua fen fori
Ka fen silei usun me lom.

Chorus: O ai Samol Kot, ua tungor Om letipoch
       Ka angasaeilo seni ai fotekin tipis.

Ua apilukuluk allim pun En ewe Koten tong
Ua silei pwe Ka omwusa ai tipis usun ua fen tungor.

Nguni kopwe mwareiti Siowa pwal mwareiti iten Jesus
Pun ka mefi pwe A kirokiroch ngonuk
Pun tipisum a omwusa.

109.

Ei fansoun mi fich ngeni ai, upwe elingok ai Kot
Upwe kol o mwareituk ran me ran.

Chorus: Oh ai Kot, En ai Samol
          Ka uren pin o tekia lon manawei
          En al, enlet, o manaw, pwal saramen fonufan
          Om saram epwe titin lon manawei.

Pwipwi o chiechiei, feito iei mi chuen wor
Fansoun ekiek sefal lon Jesus Kraist.

110.
Chorus:
Ua pwapwa ua nonom lon we familien Kot
Ua kuna upsefal pun we chenin Kot
Pwipwi soulang fengen tori feilfeilo chok,
Ua pwapwa ua nonom lon we familien Kot.

Ua chechemeni ewe fansoun lon manauei me lom
Eseor kinamwe, eu chok letipechou
Tori ewe fansoun ua rongorong
I A fichifich lon letipei, o Jesus A tolong.

A mak lon we Paipel ngeni iir meinisin
Mi etiwa Jesus, repwe noun Kot,
Ngeni iir ekkewe mi luku itan
Kot a muti iir lon An famili, ewe familien Kot.

111.
Pwata mo iei sa tongomang le achopwa ngeni
An Jesus ko feito, feito, feito asoso rei.

Ou kich aluwol me fopwul iei chok ach fansoun
Pun epwe pwal meni ach fansoun ika malo a kori kich.

Ami pwich soulang meinisin feito ren Jesus Kraist
Pun I ewe Al, pwal I ewe Enlet,
Pwal I chok ach manaw.

112.

Alollolun An Kot we tong, ese tufichin oukuk
A fangalo Noun Aleamon, pwe Epwe mooni ei.
Metek, weiresin Letipan, pun Saman A kul seni I.
Lon An riafoun malo, A amanawa chommong.

Nengeni, A irapenges; Mwarelong fan ai tipis.
Ngang emon chon turunufas, ukuta chok o katol.
Ai tipis a chufolu Poun, ekinasa won Inisin;
Ren mwuchulon An ngasangas, ua kuna manaw.

Usap eingeing won och mettoch, och angang ua fori;
Upwe eingeing won Jesus Kraist,
An malo, manawsefal.
Pwata Jesus A riafou, nge ngang ua kuna feioch?
Ren tatakisin Inisin, nguuni a mo-sefal.

113.

Uta, uta angang kich alual,fopwul
Uta, uta kosap tipe-mwaramwar
Uta pwora-choo ngeni sosotun fonu-fanei
Uta alingalo iten ach Samol Jesus.

Chorus: I-i-itom Jesus, epwe lingelo
               Seni it meinisin me lon fonufanei.

Achocho alomota ranin manawach
Pun ei fansoun mi fokkun chok tam
Mwut ngeni Jesus epwe nemeni lon manawom
Pun kopwe tongeni aani feiochun Jesus.

114.

Lon fonuach ikenai (fonuach ikenai)
Mi chuen wor osukosuk (chuen wor osukosuk)
Satan a mochen kich (Satan a mochen kich)
Sipwe fangeta (sipwe fangeta)
Nge sipwe chechemeni (sipwe chechemeni)
An kewe kapas mi enlet (kewe kapas mi let)
O oururu fengeni (rurufengeni), letipach (letipach).

Chorus:
Jesus Epwe le feitiw (Jesus Epwe le feitiw)
Seni lang lon kuchu (seni lang lon kuchu)
Lon kokon samolun chon lang (samolun chon lang)
Pwal tikin rapwa (tikin rapwa)
Ekkewe mi malo lon Kraist (malo lon Kraist)
Repwe le uta akkomw (repwe uta akkomw)
O mwirin kich mi chuen manau (mwirin kich mi manau)
Sipwe fiti I (sipwe fiti I).

Rumon repwe kon won pet (repwe kon won pet)
Rumon repwe angang le mal (repwe angang le mal)
Epwe walo emon nge likiti emon (likiti emon)
Sise silei inet Epwe war (sise silei inet)
Mi tufich le ran are le pwin (le ran are le pwin)
Sipwe chok moneta (sipwe chok moneta)
Ngeni An feito (ngeni An feito).

115.

Saram ese pwalo lon nurun manauei,
Tori ua kuna Calvary
Ngang emon chon tipis, use tongeni wewe,
Tori ua kuna Calvary.

Chorus: Calvary, lenien riafou,
Ua kuna ngaselo pokiten Calvary
Chaan Jesus seni ewe irapenges,
A pwari we tongen Kot won Calvary.

Popun An tong ngeniei Jesus A mefi metek,
I A malo won Calvary
Iei ua silei liffangen kinamwe,
Fang ngeniei won Calvary.

116.

Mi wor ew koko ngeni kich meinisin,
Uta kuta ewe konikin manaw mi nom ren Jesus. ://

Chorus:
Kopwe rong ngeni An Jesus koko
Pun Jesus A resin le kokoruk
Kopwe likilalo met mi amwochuk me won ei fonufan
Mwut ngeni Ngun mi Fel Epwe emwenuk.

Jesus A koruk pwe kopwe upsefal,
Kopwe oturu om uwouchou o riafou. ://

117.
Irapengesin Jesus Kraist a fis pwe ai lenien op
Ew feioch mi mo a wor fan itei a wor fan itom ikenai.

Chorus:
Mi wor room won irapenges,
Om room won irapenges
Chommong ra fen ur mi chuen pwal wor
Om room won irapenges.

Are ka mochen kuna ngas, suri irapengesin Kraist
Pwapwa, kinamwe, ngas ren chaan Jesus,
Epwe wor ren om lukuluk.

118.
Kich sia chommong nge kich ew chok inis
Lon Kraist, Lon Kraist
Emon me emon mi kifet fengen
Oh tong fengen, Kot I mi Samach
A tongei kich u-sun iin a tongei noun.

We being many are one body
In Christ, In Christ
Everyone members of one another
Loving each other, with God as our Father
Who loves us as a mother loves her newborn child.

119.
Kot I mi tong amusa tipis, Kot I mi tong A tonge ei.

Chorus: Iei u pwapwa ren pwe Kot mi tong,
           Pwe Kot mi tong, A tonge ei.

A apichalo ai fotek kana, Ai tipis kana ra muselo.

A isenata won noun Aleamon ai liwiningaw o feiengaw.

A efisata ai apilukoch O amwolata ai feioch lang.

120.
Sipwe kilisou ngeni An Kot tong mi amwarar
A pwaralo ngeni fonufan
A fang Noun we Aleamon mi achengicheng chapur
Pwe ren tipisin kich chon fonufan meinisin

Chorus: Tong, tong,
           An Kot tong,
           An Kot tong ngeni fonufan esap mwuch.

An Kot tong mi umoumoch a siwili ai niuokus
Ngeni ai apilukulukoch
Osupwang ngeni feioch, feiengaw ngeni manau
Ese mwuch lon Jesus Kraist ai King o ai Samol.

121. ("Sheltered in the Arms of God")

Ua mefi Poun Kot A tumwunu-ei
A emweniei won alen manawei
Use niuokus pun Jesus A fetal rei
Pun ngang ua tumwun le poun Kot

Chorus:
Lon melumel chapur
Asepwal watte, usap lolilen
Pun ngang ua tumwun le poun Kot
A fetal rei, usap kuna feiengaw
Pun ngang ua tumwun le poun Kot

Ekiselo upwe rong ngeni An koko
"Feito neiimw, nei, a wesilo om sai,"
Upwe pwätä lon imwen Kot mi nom lang
O ngang upwe tumwun le poun Kot

122.
Kilisou ren ei ran Kot A fang ngeni kich
Sa chu fengen ren ewe chenin Kot
/: Sipwe chechemeni usun An Kot we pwon
Epwe eti kich tori feilfeilo chok :/

Chorus:
Give of your (Give of your best)
To the Mas- (To the Master)
Give Him first place in your heart
Give Him first (Give Him first place)
In Your service into the Battle for Truth

Are kopwe feilo lenien riafou
Ach Samol Epwe fokkun nonom reom
/: Lon om al meinisin kopwe mwut ngeni Kot
Epwe emwenuk tori feilfeilo chok :/

123.

Chorus:

Mwarei om irapenges, Feilo mwirin Jesus ikenai
Kosap sau le elingalo I, Mwarei om irapenges ikenai.

Inamwo ika a men weires won ewe al mi langatam
Jesus echok ewe chon emweni kich
Mwarei om irapenges o feilo mwirin.

124.

/: Kich chon fonufan meinisin :/
Fan chomong sa lalangaw ren sokopaten nini
Metek, weires, ekeriafou mi churi kich.

Chorus:

Kich meinisin sipwe chemeni usun Noun we
Mi achengicheng, pun esap kuna pwapwa, kinamwe
Pwe turunufas seni aramas
/: A mwarei, A mwarei ach tipis meinisin
A kechiw, A kechiw Ion An metekitek
A fotpwasuk, chapelo tiweinin ren fanitach meinisin :/

/: Sipwe ekieki fichi :/
Jesus Esap lalangaw ren sokopaten nini
Metek, weires, ekeriafou mi churi i.

125.

Upwe angang ngeni Jesus lon ei ran ikenai
Upwe angang ngeni Jesus lon unusen manawei
Upwe alleani Paipel iteiten lesosor
Upwe achocho le iotek fansoun meinisin

Upwe feilo fan, upwe kilisou
Upwe kol o mwareiti Jesus
Upwe kinamwe, upwe aani tong
Upwe alleasochis

Upwe le feilo kinter, upwe le feio fa-a-an
Upwe fel ngeni Jesus lon ei ran ikenai

Feito, sipwe le lo, sipwe le feilo fa-a-an
Feito, sipwe le lo, sipwe le feilo fan.

126.

Jesus A afalafal, hmmm (2x)
Jesus A afalafal ngeni 5,000 mwan
Hmm, hmm, hmm

"Oupwe amongoni iir!" hmmm (2x)
"Oupwe amongoni iir, ra echik eseor aner."
Hmm, hmm, hmm

"Maing, am aisap tongeni!" hmmm (2x)
"Maing, am aisap tongeni, ese naf ekkei senis."
Hmm, hmm, hmm

Emon at a feito ren, hmmm (2x)
Emon at a feito ren, "Jesus, angei enei kei."
Hmm, hmm, hmm

A iotekin efeiochu, hmmm (2x)
A iotekin efeiochu, limwu pilawa ruemon iik
Hmm, hmm, hmm

O ra inetifeseni, hmmm (2x)
O ra inetifeseni, a naf ngeni meinisin
Hmm, hmm, hmm

Ra mongo tori ra möt, hmmm (2x)
Ra mongo tori ra möt, ren pilawa o iik chommong
Hmm, hmm, hmm

Om liffang ngeni Jesus, hmmm (2x)
Om liffang ngeni Jesus, esap fokkun lamot-mwan
Hmm, hmm, hmm

Hmm, hmm, hmmmmmmm

127. (Ngingin "Since Jesus Came Into My Heart)

Ngang ua fokun sokkofesen seni lom,
Pun Jesus tolong letipei
O ai tipis chommong ra tonu seni ei,
Pun Jesus tolong letipei

Chorus:
Pun Jesus tolong letipei,
Pun Jesus tolong letipei
Manauei a urelo ren pwapwa chapur
Pun Jesus tolong letipei

Ua wes ren ai rikilo seni we al,
Pun Jesus tolong letipei
Ua sinei we letipan Kot fanitei,
Pun Jesus tolong letipei

Upwe feilo lon lang o kuna an we ling,
Pun Jesus tolong letipei
Upwe nonom feinfeino lon imwen ai King,
Pun Jesus tolong letipei

128.

/: Kraist A malo fanitei, Hallelujah. :/

/: A peias ulungat ran, Hallelujah. :/

/: A manawsefalita, Hallelujah. :/

/: Epwe le liwinsefal, Hallelujah. :/

/: Pwipwi, en mi moleta? Hallelujah. :/

129.
/: Jesus A pwisin mwarei An irapenges :/
Ngeni ewe chuuken Galgotha
A fokkun apwangapwang
Ren chourekin ewe irapenges
Pun a pwisin mwa-mwarei

Chorus:
Sa ngeni mware ewe ira, ewe ira mi folufol
Sa atufa, sa posu lepekin
Sa chufolu poun o pwal pechen

/: Jesus A koko ngeni Saman Kot won lang :/
"Kopwe amusalo tipisiir, resap silei met ra fori
Kopwe amusalo tipisiir, resap silei met ra fori."

130.
Ua paslo won fanufan, Nge upwe feino neim
Ua mefi ai mwalechelo, Iei upwe feino neim

Chorus:
Feino Neim, Feino neim; Usap touau-lo
Ua pekus ren ei alen tipis, Iei upwe feino neim

Chommong ierin manauei, Mi fen lus-mwan
Nge iei upwe liwin sefal, Iei upwe feino neim

Upwe kul seni ai tipis, Pwe upwe feino neim
O pwari ai luku Jesus, Iei upwe feino neim

131. ("Shout to the Lord")

Maing Jesus, ai Samol, Ese wor Emon usum
Ran meinisin lon manawei, Upwe kol o mwareituk
Ai Chon Mas, Chon Sele,
En chok ai Lenien Op
Inamwo met a tori ei,
Usap wes le fel ngonuk.

Chon fonufan meinisin sipwe kol
Ingemwareiti iten ach Samol
Chuuk kana ra tekisonalo mwom,
Saat kana ra koluk
A fet amwararen forien poum
Upwe tongek Jesus, tori feilfeilo
Esap wor och epwe wewe ngonuk, ai Kot.

132.

Ngang amanaua en, siwili om nini,
Pwe kote malo-mwal,o weires leni af.
/: Ngang Ua liwini om tipis, ifa om kilisou? :/

Imwen Semei lon lang pwal leniei mi ling,
Ngang Ua poluku o feitiw fonufan.
/: Ngang likitalo meinisin, ifa om poluku? :/

Ngang Ua wato reom seni leniei lang,
Manau seni malo, feioch, mirit, o tong.
/: Ngang Ua kisasou ngonuk, meta ka ngeniei? :/

133.

Kosap aureki och mettoch, Kot Epwe tumunuk
Inamo met a tongeni fis, Kot Epwe tumunuk

Chorus: Kot Epwe Tumunuk, Iteiten Ran, Iteiten Pwin
I Epwe Tumunuk, Kot Epwe Tumunuk

Kosap ekieki pisekum, Kot Epwe tumunuk
Anom, unumom pwal leniom, Kot Epwe Tumunuk

Kosap niueiti aramas, Kot Epwe tumunuk
Esor mi tongeni u ngonuk, Kot Epwe tumunuk

Lupwen a tori fansoun samau, Kot Epwe Tumunuk
Are fansoun kopwe le malo, Kot Epwe tumunuk

134.

Me lom, nguni mi malo; Me lom, ua fotek
Me lom, ngang uwa paselo, usun ship esor amaran.

Chorus:
Jesus, oh Jesus
Ka silei ai Samol? Kosap nukunuko
O-oh, Jesus, ai Jesus,
Me lukun I, upwe mwalechlo.

Lukun I, usap pwak ngeni óch
Lukun I, upwe turungaw
Lukun I, usap kinamwe, nge ren Jesus, ua manaw.

135.
Lukenipwin lon kiroch, ua opalo mesei
Lon fansoun asepwal, eseor lenien op
Lon fansoun chopulap, Maing Jesus
Rong ai kechiw; Tumwunuei tori molumol wesilo.

Chorus:
We asepwal a passiniei, me ese wor chopulap
Me kuchu ra mwokut seni lang
Amwochunukuei, lon poum mi lapalap
Tumwunuei tori molumol wesilo.

Mwirin we pwin mi langatam, ese wor molumol
Upwe uta fan mesom, lon lenien kinamwe
Lon ewe fonu esap chuen wor asepwal
Ai Samol ua mochen nonom reom.

136.

Kapas a mwitir nge fofforun a mang
A ina usun ach fos
Nge ese pwung foffor fan mesan ach Kot
Sa pwusin otupwu kich

Chorus:
Jesus A tongei kich, oukich meinisin
Pwe A mochen sipwe chon oppuru Kot. ://

Jesus A apasa: Ngang ewe Enlet o pwal ewe Manaw
Ese wor emon epwe tori Semei we
Are esap fan itei.

Jesus I ewe Ira, o kich ekkewe palan
Repwe malo meinisin
Iteiten palan mi esap uwaoch repwele pokupok

137.
Chorus: Kul, o nengeni Jesus; Kuna mesan mi murina
    Monukalo mettochun fanufan;
    Etiwa Jesus lon letipom.

Ika en mi pekus lon ngunum, apwangapwang lon om luku; Siwili om ekiek usun, met Jesus a for fanitom

Ren an malo won irapenges, o pwal ren an manaw sefal; A möni liwinin om tipis, amolata leniom lon lang

Poutalo met mi limengau, aier seni tipis chomong
Likitalo ei alen malo, o aani manau esemuch

138.
Mwareiti Kot ren An umoumoch, A tinato Jesus
An tongei kich, Esap mochen si-pwe chon poutmwalilo

Chorus: Feito ren Kraist, feito ren Kraist,
    Wato, wato om weires; Epwe alisuk,
    Epwe ngonuk kinamwe.

Kich meinisin sipwe pwapwa ren, met Kot A fen fori
Sa kilisou pwe sa ngaselo, seni ach tipis kana

Ach kilisou sipwe fangeta, manawach meinisin
Jesus echok Epwe nemenem, lon fansoun meinisin

139.

Fonufan sap leniei uwa chok wasola
Piseki meinisin ra mollota lon lang
Asamen lang kana ra susuk ngeniei
O usap chuen mochen nonom won fonufan

Chorus: Jesus, sor emon 'pwe usun chok En
         Ika-lang sap leni ei met upwe le for
         Chienei ra kori ei me won pien lang
         O usap chuen mochen nonom won fonufan.

Ua silei meinisin ra witiwiti ei
Ua ngas ren ai Samol, A möni ei ren chaan
I Epwe emweni ei tori sopwolon
O usap chuen mochen nonom won fonufan

140.

Ua unusen kilisou ren Jesus
Pun A epichi manawei seni peias
A uwei ai tipis meinisin won ewe ira
Pwe upwe wiliti emon chon ngaselo

Chorus:
Jesus, Kopwe alisiei, amwochu pei
Emwenieilo tori ewe fonuen pwon

Upwe sacheta kol o mwareiti Kot
Leran o lepwin mwareiti Kot
Upwe isois Om Kapas lon letipei
Pwe usap chuen tipis, tipis ngonuk

141.

Upwe nonom arap ngeni Jesus,
O likitalo pwapwan fanufan
Upwe aier o liwin ngeni I,
Pwe upwe sinei an tong fanitei
Pwe upwe sinei an tong fanitei

Eseor lifang upwe wato rei,
Pun ai fofor mi chok sóf limengau;
Ren pei mi pwun nge ren letip mi ur,
Pwe upwe sinei an tong fanitei
Pwe upwe sinei an tong fanitei

Usap nennesefalliti mwirin,
Pwe upwe kuna manauei me lom,
Upwe akulu sokuri ngeni,
Pwe upwe sinei an tong fanitei
Pwe upwe sinei an tong fanitei

Pokitan an Jesus kirokiroch,
O ren we lifangen an umoumouch
Upwe luku o kuna upsefal,
Pwe upwe sinei an tong fanitei
Pwe upwe sinei an tong fanitei

142.

Fansoun ai manaw me won ei fonufan
Ngang emon mi towaw seni lepoun Kot
Pokiten ai ekiek me ai mochen
Mi chok apach ngeni pwapwan fonufanei
Nge ita tipei pwe a ina pungun
Lenien iseis en manawei
Nge use silei pwe fonufan mi chok
Emweni nguni ngeni tipis me malo

Chorus:
/: Iwe, iwe, ngang usap nengeni
Usap pwal weweiti An we malo ren kich
Pwe A kuna turunufas me nini
Ren ai limengaw o pwal ai pupungaw :/

Saram en An Kot tong a feitiw seni
An Jesus irapenges won Calvary
Asarama letipei, ai ekiek
Ngang ua mefi pwe ngang emon mi mwalech
Mwalechelo seni ewe tongen Kot
Ua sacheta o pwal sio ngeni
Maing ai Kot, Kose mochen epichi ei
Seni ai fotekin tipis meinisin

143.

Iei usun An Kot ei tong, umoumoch, kirokiroch,
Pwe Jesus, Kingen Manaw, A malo ren fanitach.
Ita ion esap kilisou, kolun mwareiti itan?
Upwe kolu feilfeilo chok, oucheani An asor.

Punun An Kraist irapenges, An Kot chen a tori ei,
Asamen lang ra suk ngeniei, liiwini a wesilo.
Io ngang pwe upwe iteni emon Noun Kot aramas?
Haleluia, mwareiti Kot! Itei a makk lon Puken Lang.

En ai Kot me ai Samol, upwe fel ngenuk echok,
En Jesus, Ka emweniei, Ngunum A imweimw Ioi.
Ka efeiochu ngeniei, ewe manaw esemwuch.
Ka koriei, "Neii achengicheng,"
Ua koruk, "Papa, Semei."

144.

Fansoun ua kuta Jesus ren weiresin letipei
A fen wes me amwolata kinamwe lon manauei.

Chorus:
Upwe chok apochokulla ai chiechi ngeni Jesus
Esap chuen wor piris lefilei me fonufan.

Fonufan a pwon ngeni ei moni, pwapwa, pwal feioch
Nge lupwen ua sotuni meinisin mi tipis chok.

Iei a fokkun wililo manawei seni me lom
Usap chuen mochen liwin'lo are ra pwal pesei ei.

Ua mochen chiechi ngeni ai Samol Chon Amanaw
A pwal talo ewe piris a alengeni tipis.

145. ("Yes, I Know")

Ou feito, ami chon tipis, chaan Jesus a limeti
Ua silei epwe tongeni, pun a fen limeti-ei

Chorus:
Ua silei, ua silei
Chaan Jesus a tongeni limeti kich
Ua silei, fokkun silei
Chaan Jesus a tongeni limeti kich

Feito, ami chon apwangapwang
Chaan Jesus a manaman
Epwe ngonuk pochokul mi fo
Ngunum epwe pworacho

Lupwen sosot a arap ngonuk
Chemeni chaan Jesus Kraist
Kokori itan ach Samol, o Epwe, le angasok

146.

Ngang emon aramas mi atong o weires
Pun u chok fofori mochenian tipei.

Chorus:
Ai Samol Kopwe (ai Samol Kopwe)
Amusalo ai tipis (amusalo ai tipis)
Kosap liwin ngeni ei, ai aweiresuk.

Ngang emon aramas mi tipeni fonufan
Sani pwapwan fonufan-ei, fori pwapwan fonufan.

147.

Jesus A kokoruk, "Kopwe towu, kopwe towu,"
Towu seni lon peias, iei chok om fansoun,
Wewen peias malo, nge malo nonom lon tipis,
Meinisin chon nom lon tipis, iir chon malo chok.

Chorus:
Towu, Towu, Towu ikenai chok
Towu, Towu, Towu nge apichi fofo
Ei koko fanitom, kote chok omongaw
Kosap pwal wi-itiwitilo
Kose silei masowan lesor.

Chomong ra sotuni le towu nge rese fokun pwak;
Pun pour me pecher mi chuen chok fofo,
Finifinilo mokurer; Rese tongeni fetal,
Rese tongeni kuner, rese pwal tongeni angan
Ieritam lon mwukemwuketiw, fokkun ese wor uwaar.

148.
Mi weires ei al u fetal won, alisi ei; O pechei a apwangapwang, alisi ei; Riafou mi pwolueilo, o alei mi weires ngeni-ei; Ekieita ren poum pochokkul, ai Samol.

Chorus: Ai Samol alisi ei, upwe pwak lon manawei
Alisi ei upwe pwipwi-eoch ngeni meinisin
Lemolun o pwal won chuuk, emweni-ei lon al mi pung; Upwe fori met letipom, ai Samol.

Chon opwutei ra ungeni ei, alisi ei;
Chiechiei ra likiti-eilo, alisi ei
Ese wor chon ateneki ei, a wor ai tipemwaramwar
En mi nom rei, Maing Jesus Kraist, ai Samol.

149.
Mongungun Kot a kokoruk, mongungun Kot a kokoruk
Kopwe rong ngeni ei koko pun kopwe kuna manaw.

Chorus:
Rong mongungun Jesus pun kopwe manaw ren,
Kopwe nikitalo ekiekin ei fonufan mi lamotongaw.

A-u ngeni mwo selingom, A-u ngeni mwo selingom
Ei koko pun ese fat ika mi fen och ngenuk.

Jesus a ko "Kopwe ulo" Jesus a ko "Kopwe ulo"
Pwata kopwe le feiengaw nge Jesus epwe alisuk.

150.

Jesus A resin koko pwe sipwe tapwelo mwirin
Won ei al mi ling o echipwor
/: Suk ngeni letipach epwe tolong o nemeni;
Pun sipwe kuna ewe feioch,
Pwapwa o manaw esemwuch. :/

Ngang emon chon mwalechelo ren tipis won ei fonufan
Pun usap alleasochis ai Samol Jesus
/: Pun ua chok fofori mochenian futukei;
Uwa tungor ngenuk en-ai chon sele,
Amwochu pei emweni manawei. :/

Sipwe amona fichi manawach mwen ewe fansoun
Jesus epwe le liwinsefalito
/: Pun site kan a pon ekkewe pinon Noah
Ra fichifich nge a ser lupwen ar repwe aier sefal. :/

151.
Jesus en ai Chon Amanaw, ouche rei mwen manawei
Lupwen ua nom fonufan, kose mochen nonom rei.

Chorus: Etiei, nonom rei; Etiei, nonom rei
Lupwen ua nom fonufan,
Kose mochen nonom rei.

Use mochen chok kinamwe are foula fonufan
Lupwen riafou toriei, iwe, Kopwe etiei.

Jesus, Kopwe emweniei lupwen pwapwa, riafou
Upwe fokun luku En chok, upwe tori Paratis.

152.
Ngunmifel En Kopwe etto, amurinalo ngang
/: Alisata ai lamalam, pwe ete kisilo. :/

Nengeni usun ai fofor, fofor un fonufan
/: Ai feioch ouche me won lang uken turunufas. :/

Ai iotek, angang, fel ngeni Semei Kot lapalap
/: Sap fis, pwe ai fofor kana sap popu seni Kraist. :/

Maing Kot, En Kopwe tinato Ngunum mi manaman
/: Alisata ai lamalam, ai soulang epwe fis. :/

153.

Oupwe rong ami aluwol fopwul lon Chuuk,
Jesus A mochen oupwe feito;
Seni lon fonufan lenien mwalechelo
Lenien pwapwa mwochomwoch, lenien riafou.

Chorus:
Kopwe luku (luku Jesus)
Kopwe etiwa (etiwa Jesus)
Kopwe fang (fang ngeni) Jesus lelukom meinisin
Pun esor pwal ew it kopwe manaw ren
Me lukun iten ai Samol, Jesus.

Oupwe rong ami chon nonom lukun lamalam;
Jesus A mochen oupwe feito;
Aier seni om tipis iei chok fansoun
Ewe chenin Kot a chuen suk ngonuk ikenai.

154.

Me lom ua fotek lon tipis; Chou ren ai tipis me saw
Nge Poun Jesus A atapaei; O manawei a ekesiwil.

Chorus:
A atapaei, o A atapaei; Chengel chapur auraeilo
A fet amwararan, ai ua silei; A atapaei o A limeti ei.

Seni fansoun ai churi Kraist; Fansoun An a limeti ei
Usap ukutiw le mwareiti; Upwe kokolu feilfeilo chok.

155.

Ese wor ai pwapwa, chip lon manawei
Lupwen ngang mi nonom lukun Jesus Kraist
Lon ew ran Jesus A nemeni lon manawei,
A wor pwapwa, kinamwei, feioch esemuch
Fansoun meinisin.

Chorus:
A wor – ai pwapwa,
A wor – Kinamwei
A pwal wor – manaw semuch,
Ren An Kot – tonge ei
A pwal wor – menemenoch ese fokun wor oukukun
A wor pwapwa, kinamwei, manaw esemuch
Fansoun meinisin.

Lupwen Jesus A nemeni lon manawei
Lelukei a chip lon fansoun riafou
Pun ewe Chon Pwora ngeni metoch meinisin
A tumunu manawei lon poun
Pun ngang usap tur seni
Ewe manaw esemuch.

156.
A nom lon peiasan, Jesus ach Samol,
Iwe, a ranilo lon lesosor.

Chorus:
Iwe, a kul ewe fau,
Jesus Kraist A manau seni ma
Jesus Kraist A tou seni peiasan,
Ach chon amanau pworaiti malo;
A manau, A manau, Haleluia A manau.

Sounfiu ra mamasa peiasen Jesus,
Nge ra chok niueiti saramen lang.

Jesus ach souakom A manausefal,
oukich chon kukumwir, sa manau ren.

157.
Lenien riafou fonufan, Jesus Kopwe tongei kich
Ka tongeni angasalo kich mi nom lon riafou.

Chorus: En echok, Jesus, Ka tongei kich (chapur)
         Kopwe amwochu kich feilfeilo chok
         Sor emon mi tongeni nom rech (nom rech)
         En echok Ka tongei kich.

Jesus Kraist ach Samol lapalap, En mi wato ngeni kich
Ewe saram mi fokkun lingoch won fonu meinisin.

Sia riafou won fonufan, nge lon lang sipwe le chip;
Pun a mwuchukai ach riafou, ach pwapwa esemwuch.

158.
Jesus mochen pwe kich sipwe saram, usun ew kukun
Lamp mi fat o tinoch; soulang repwe saram
Le roch un fonu; won lenier ewe, Kot A ngeni iir.

Enlet, Jesus mi popun ach saram; sia fokun silei o
Pwichikar ren; sipwe saram won fonu mi rochopwak
Won leniach ewe, Kot A ngeni kich.

Saramen Jesus pwelifeili kich; lon chourekin tipis mi
Fokun kiroch; Feioch are om lamp mi tin leniom; o
Asarama aparum me ren Kot.

159.

Mi fen affat lon nouch Paipel
Pwe Kot I mi songomang ngeni kich
O mi tongotam ngeni kich aramas meinisin
Iei minne sipwele etiwa wareton Jesus won ei fonufan
Alolilen ngeni io ese mollota otun An Epwe war

Chorus: Ika en emon noun Kot aramas
         Kopwe le kan su seni
         Ekkei sokkun mettoch meinisin
         Kopwe achocho ngeni minne mi pwung
         O ngeni ewe manaw mi fich ngeni Kot

Sipwe tutungor ach sipwe wilipos
Lon ewe titin manaw mi fen amol fanitach
Jesus ai Kot, kopwe kan alisiei, amusalo ai tipis
Amwochu pei pwe ute sela-lukun
Ua fotek lon ai riafou, awena ngeniei
Saramen Alom pwe upwe kuna manaw

160.

Emon chon aani Kraist lon manawan
A wor manawen menemenoch
Lon nonomun won ei fonufan
Pun Kraist chok ach epilukuluk

Chorus: Jesus chok, o Jesus chok
         I popun tufich meinisin
         Ka fan ngeni kich menemenoch
         Lon fansoun meinisin

Siowa ai Chon Mas mi Allim
Usap osupwang ren och mettoch
Ka fen fang ngeniei ai-tufich meinisin
Ka emweniei lon ei al mi pwung

161.

Kot A nom lang, itan a pin o foulo,
O lenian a ling o tekia
Imwan a eoch, a pwilitalong saram,
Manauan esap fokkun mwuchulo.

Chorus:
O lingen Kot, amwarar, echipwor,
Sa ingeituk, o kokoluk
O lingen Kot, amwarar echipwor,
Sa ingeituk, o kokoluk.

Kot A nom lang, fuu kana, maram, akkar,
Ra chok pwarata manamanen Kot
Leran, lepwin, ra chok okkufufengen,
Pwe iten Kot epwe le lingelo.

Kot A nom lang, A aa ut o kuchuw,
Pwe repwe afisata letapan
A nemeni pwal chopulap o fifi,
O asepwal a nonom lepoun Kot.

Kot A nom lang, sipwe alinga itan,
Sipwe mwareiti I iteiten ran
Kich forian, sipwe kokolu lingan,
Manamanan o kirokirochun.

162.

Sa kilisou o pwapawa pwe rochopwak a su
O akar a ken tota o saram a nom rech
O inisich a manaw o lelukach a ngas
O mesach a nenelo pokiten chenin Kot.

Chorus:
Sa kilisou, sa kilisou, sa kilisou ren Kot
A kirokiroch ngeni kich, An tong esamo much.

Sa tungor reom, Maing Jesus, ach Samol o ach king
Afeiochu ach tolong lon saram ikenai
Afeiochu om Kapas, afeiochu ach fel
Afeiochu ach angang, ach fetal o ach sai.

Sa mochen pwe ach Samol Epwe alisi kich
Pwe sipwe arap ngeni o chemeni an fos
Pwe esap wor ach tipis le ran meinisin
Pwe chenich esap talo nge pwapwach esap pet.

163.

Ach Kot mi tonge kich chapur,
Pwe A tinato Jesus Kraist;
Pwe Epwe angasalo kich seni tipis meinisin.

Chorus:
Sipwe kilisou ren ewe lifangen Kot
Ngeni kich chon tipis pwe sipwe manaw ren
O sipwe feilo ren tori ewe manaw
O-o mwareiti Jesus mi amusalo ach tipis.

Meinisin sipwe uta
Feilo mwirin Samol Jesus
Pwe I mi ach kompas enlet
Awena ngeni kich manaw.

Sipwe meireir, pwapwa chapur,
Mwareiti Kot mi lapalap
Won fonufan meinisin
Sipwe pwapwa mwareiti Kot.

164.

A lapalap ach Kot a pwal manaman,
Ngunun A aura fonufan me lang
A nengeni foforuch me angangach,
A pwal rongorong ach kapas me ach kol.

Chorus:
Pun A fokkun kuna o nengeni
Minne a fis le pwa o le op
A silei pom en pouch, ekin lelukach,
Nenen mesach o mokutun inisich.
Sipwe fokkun ing lelukach usun manaman en Kot
Sipwe fokkun meniniti, sipwe niuokus o chechech
Pwe esor epwe atai ach chen ren Kot.

A fokun pung o saram o wenechar,
Mesan esap ruk lelukan esap roch
A make lon An puk ach fofor kana,
Esap fokun wor An menukalo och.

A kapas pwe le sopolon fonufan
Epwe akapungu mettoch meinisin
O liwini fofor un chon fonufan,
Foforochur o pwal foforingawer.

165.

Sipwe fokun kilisou ngeni Samach Kot won lang
Pun An atotai akkar, fonuach a saram ren.

Chorus:
Kilisou ngonuk, Samach Kot won Lang.
Samach mi nonom lang, sa kilisou ngonuk,
Sa pwal mwareiti Om umoumoch.

Anach o pwal unumach, imwach o pwal pisekich
Ufach, kiiach, o pwal waach, sia angei chok me reom.

Semach, inach, o pwal pwiich, chienach o einangach
Aramasach meinisin, foriom o fangolom.

Pochokkulen inisich, o pwal pwapwan manauach
O ach angang o ach mour, Ka afeiochueto.

Sipwe fokun kilisou ngeni Samach Kot won lang
Ren An feioch meinisin I A apwungatiw woch.

166.

Jesus Kraist ach Samol Lapalap,
Poluku lingan lon lang in saram
Pwe epwe le feitiu fonufan, o angasa aramas kana
Seni ar tipis o foforingaw pwe resap kuna ar feiengaw
Jesus Kraist ach Samol Lapalap,
Sipwe asamolu o luku.

Jesus Kraist ach Samol Lapalap,
Sipwe pwon ngeni pwe sipwe luku
Lon ran in manauach meinisin
Tori sipwe tolong lon malo
I chok ach Samol o Chon amanaw,
Esor pwal emon Jesus echok
Jesus Kraist ach Samol Lapalap,
Sipwe asamolu o luku.

Jesus Kraist ach Samol Lapalap,
Sipwe seikata King en lelukach
Fansoun pwapwa, fansoun riafou,
Sipwe efisata An mochen
Chon luku Jesus chok repwe tolong
Lon ewe manaw ese mumuch
Jesus Kraist ach Samol Lapalap,
Sipwe asamolu o luku.

167.
Esor itan chon fonufan, pwal esor itan chon lang
A wewengeni itochun ach Chon Amanau Jesus.

Chorus:
Sa pwapwa o mwareiti Kot ren An tinato Jesus
A tongei o alisi kich seni ach anumaumau.

Nge ifa wewen ewe iit, ach Samol A ken aani,
Siowa A alisi kich, pwe sipwe feioch sefal.

Pun are Jesus Esap war esor ach sopwosopwoch
Ach anumaumau esap mwuuch, ach tipis esap mwolo.

Nge Samach Kot A tongei kich, A tini Noun Alleamon
Chon luku repwe manau ren, ar feioch epwe unus.

168.

Sa mwareituk chon sele pun Ka selani kich
O ren chaom mi ochea kich aramas sa ngas
Sipwe mwareituk chapur o pwapwa lelukach
Pwal kilisou fan chomong ngonuk, Maing Jesus Kraist.

Chorus:
Sa mwareituk pwal kilisou ngonuk iteiten ran
Lon manawach meinisin tori feilfeilo chok.

Sipwe kilisou chapur lon ranin ikenai
Pokiten chenin Jesus o An kirokiroch
I mi Samol lapalap sipwe seikata I
Won ach angang o pwal won lelukach meinisin.

Fan chomong sa kilisou ren ach Chon Amanaw
Ren An chen, tong o manaw aken pwar-ngenikich
O lupwen ach churi i won lang mi echipwor
Sipwe mwareiti tongen Noun Kot Achengicheng.

169.

Nioukus Kot mi lepopun tipachem meinisin
Sor emon epwe tongeni apasa mi mwal ei fos
Kich sa ken aleani seni nouch ei puk mi fel
Puk mi ouche seni puk meinisin won fonufan.

Chorus:
Puken Kot mi echipwor seni puk meinisin
Manau semwuuch mi nonom lon
Nengeni kopwe manau.

Niuokus Kot mi lepopun tipachem meinisin
Oukich sipwe weri manau mi nonom lon lang ren Kot
Pwapwa lon ewe ran pwe kich
Sipwe chufengen ren Kot
Ren kokol mwareiti Kot mi manaman o echipwor.

Seni chok iir mi malo lom tori kich mi chuen nom
Itelap mi niuokus Kot mi lepopun tipachem
Oukich sipwe fori mwich fan asengesin Jesus chok
Pwe A ngeni ach feioch o afisata An kapas.

170.

Sa mwareituk o Kot, sa pwal kilisou reom,
Pwe Jesus A malo o feita won lang.

Chorus: Haleluia, sa mwareituk, Haleluia amen,
   Haleluia, sa mwareituk, ach Chon Amanau.

Sa mwareituk o Kot, Ka tinato Ngunfel,
Saramen lelukach ach Chon Alisi.

Sa mwareituk o Kot, pun Om tong mi chapur
Ka fang Noum Alleamon pwe sipwe manau

Sa mwareituk o Kot, ren om kirokiroch
Ka kuta ach feioch o sopwosopwoch.

171.

Ew ras mi lapalap, nge chon angang ra chokukun
Feito, feito sipwe angang.

Chorus:
Oupwe aronga Jerusalem, Judea, Samaria
Pwal tori unusen fonufan.

Jesus A ngeni kich ew akuno
Mi fokkun, fokkun lapalap.

172.

Mi echipwor iten Jesus ren iir mi ken luku
A ken achipa, apwapwa, asulo niuokus.

Chorus:
Ngang mi luku, upwe luku, Jesus siwiliei,
O ren chaan a ken tolu ai tipis meinisin.

It echipwor mi longolong fan pechen soulang let
Ai lenien iseis mi ur ren tong me chenin Kot.

Ai iotek mi ken tori Kot fan iten Jesus chok
Satan ese tufich pine, pwe Kot nouni ei lo.

Itan Jesus mi mwirinno seni iit meinisin
Manau ese nom ren emon, ren iten Jesus chok.

173.

Ami angei iten Jesus, ami noun soulang kana
Epwe angasalo kemi, lupwen ami riafou.

Chorus:
Iit a ling, echipwor, apwapwa fonufan, lang,
Iit a ling, echipwor, apwapwa fonufan, lang.

Ami angei iten Jesus, pwe oupwe pworacho ren
Lupwen sosot tori kemi oupwe achocho iotek.

Iten Jesus a men lingoch, I Epwe selani kich
An chen, An tong o umoumoch fokkun pweilifeili kich.

Sipwe luku iten Jesus, pun a fokkun manaman
Sipwe tumwunu An kapas, pun a fokkun lamot rech.

174.

En, Maing Jesus, En echok longolongen lukuluk
Pun Ka aani sokkun Kot, Kosap wil feilfeilo chok
En, Maing Jesus, En echok longolongen lukuluk.

En, Maing Jesus, En echok Chon U lefilem me Kot
Sap Maria me chon pin, sounpatak me sounkoa
En, Maing Jesus, En echok Chon U lefilem me Kot.

En, Maing Jesus, En echok emon Lam mi unusoch
Pun lelukom esap ngaw, nge foforum esap mwan
En, Maing Jesus, En echok emon Lam mi unusoch.

En, Maing Jesus, En echok ailem lon am riafou
Chienach ra osupwang, samoluch ra tongomang
En, Maing Jesus, En echok ailem lon am riafou.

175.
Kot A mochen nouni kich chon fonufan,
Noun Achengicheng A pwisin pwini kich;
Io epwe chuen tipemwaramwar,
Kot A pwisin peni kich.

Chorus:
Are Kot A peni kich, io epwe pinei kich
Feiengawach esap fokkun chuen wor,
Are Kot A peni kich.

Io epwe kapas usun tipisich,
Kot A afisata punguch fan mesan
Io epwe ngeni kich liwinngawach,
Jesus A fen angei ren An ma.

Riafou me niuokus me susufeil,
Echik me selelo me efeiengaw
Minne sia kunakun lon manauach
Esap uta lefilach me Kot.

Paluach me oputach ra osupwang,
Resap fokkun win ren ar apeti kich
Fonufan me lang ra akalisi kich,
Punun ach acheni Kot.

176.

Upwe luku Jesus, ai Chon Amanau, usap fokkun luku
Anu meinisin; melumel me akkar, fonu me matau,
Manau, samau, malo ra nonom le poun Jesus.

Chorus:
/: Ewer, esor och, pwe Jesus echok,
Ngang upwe asamolu pwe Epwe nemeniei. :/

Upwe sani Jesus, ai Chon Amanau,
I echok ai pwapwa, ai woumwirrino
Aramas me pisek repwe mwuchulo,
Jesus Epwe nonom, Jesus epwe oucheai.

Upwe nom ren Jesus, ai Chon Amanau,
Ekkoch ra sap seni, upwe nonom chok;
Usap silei emon upwe feioch ren
Ua oucheani ai chen me ren Jesus Kraist.

177.

Mwuun Jesus fokkun echipwor,
Mwuun pwapwa mwirrino
Sap weires pwe mi achifou,
Epwe manau semwuuch.
Epwe manau 'semuch won lang,
Epwe manau 'semuch,
Sap weires pwe mi achifou,
Epwe manau semwuuch.

Mwuun saram ei mi echipwor,
Ngang u mochen choni,
Ai lamalam, ai pochokkul,
Ngang upwe fang ngeni.
Ngang upwe fang ngeni Jesus,
Ngang upwe fang ngeni
Ai lamalam, ai pochokkul,
Ngang upwe fang ngeni.

Ngang mi chipwang angang ngeni
Mwuun Satan chofona,
Maing Jesus, Kopwe alisi,
Upwe angang ngonuk.
Upwe angang ngonuk echok,
Upwe angang ngonuk,
Maing Jesus, Kopwe alisi,
Upwe angang ngonuk.

178.

Kot Epwe afeiochu kich, ikenai kich sa tungor
Sipwe pwarata ach tipis, pwal poutalo ach mi ngaw.

Chorus:
Kot afeiochu, Kot afeiochu chapur
Sap ekis feioch sa tungor, feiochun ngun mi chapur.

Kot Epwe afeiochu kich usun chok ut seni lang
Epwe tinato An feioch, siwili lelukach ren.

Kot Epwe afeiochu kich, autan lelukach ren tong
Sipwe pwal kutato chommong pwe repwe weri manau.

Kot Epwe afeiochu kich ren An tinato Ngunfel
Ngunuch epwe pwapwa chapur,
Mwareiti ach Chon Sele.

179. ("A Mighty Fortress")

Ach Samol Jesus A nom lang,
A nemeni lang, fonufan
A nenetiw won fonufan o kuna mettoch meinisin.
A manaman o ling o fokun tipachem
Esor An osupwang, esor An rukola,
Letipan a pwonueta.

A malo fan asengesich,
Ach anumamaw a mor ren
Nge A pwal manaw sefal rech,
A feita lang lon ling en Kot.
A fokun peni kich o tungor feiochuch
Ren Semach Kot lon lang, pwe sisap feiengaw,
Lon ach mamaun won fonufan.

Kich soulang sisap niuokus
O apilukulukingaw
Sa tupwol lon ach lukuluk,
Pwe sipwe feioch o sopwoch
Mun Satan epwe ta, chon lukun repwe kuf
Chon pinei lamalam, repwe le feiengaw,
Mwuun Jesus epwe pworacho.

180.
U silei pwe ai chon sele manau
A manauta me peiasan
U silei a wato manau semwuuch,
Tong, umoumoch seni Kot Sam.

Chorus:
Ngang mi silei pwe Jesus A manau,
Chon fonufan sipwe luku
Ngang mi silei pwe Jesus A wato
Tong, umoumoch seni Kot Sam.

U silei pwe ngang upwe pwal manau
Are ngang emon chon luku
Pun iei alon ach Samol Jesus
Pwe chon luku ra manau ren.

Iwe, ngang upwe apilukallim
Pwal are toriei malo
Are upwe eti lon riafou
Upwe pwal eti lon manau.

181.

Chon alisi, Ngunmifel, Kopwe etto nonom rem
Emweni kem lon manaw, asarama lelukem
Pwe aipwe luku enlet, pwapwa, chengel, kinamwe
En achipa letipem, uwei kem la won Paratis.

Chon afalafal enlet mi nom rem ran meinisin
Kote likitalo kem lupwen nom lon rochopwak
Lupwen am mi riafou, are mosek ren mi ngaw
Iwe, Kopwe peni kem, ti seni kem ngaw kana.

Lupwen samaw lapalap, lupwen aipwe le malo
A wes pwapwan fonufan, aipwe metek o malo
Ngunmifel, achipa kem, awesalo am mosek
Uwei kem la won Paratis, leniem feilfeilo chok.

182. ("Mwuun Jesus Fokun Echipwor")

Ach Samol A eketi kich lon ran in manawach
A kuna kich o masa kich o rongorong ach fos.

Chorus:
A peni kich o pweli kich, a pwal iseis woch poun
Ach Samol A eketi kich lon alach meinisin.

Ach Samol A eketi kich le angang en le ran
A pwapwa ren ach angangoch, a tila feiengaw.

Ach Samol A eketi kich le attaw o le sai
Iik meinisin ra nom le poun, pwal asepwal me no.

Ach Samol A eketi kich ren ach kokon o mour
Pwe sosot me aniuaniu a toau seni kich.

Ach Samol A eketi kich lon alach al en ma
A eti kich le feita lang, pwe sipwe nonom ren.

183.

Ngang ua aani Jesus Noun Kot,
A nom lelukei ren Ngun mi Fel
A makkei itei lon puken lang,
Ua kinamwe o chen me ren.

Chorus:
Nguni a pwapwa, lukei a chip,
Pun ua aani Jesus Noun Kot
Ua pwal apilukulukoch,
Ai Samol Jesus A nonom rei.

Ngang ua aani manau semwuuch,
Kot A iseni lon lelukei
Lupwen ai luku malo An Noun,
Ua upsefal ren Ngun mi Fel.

Ngang ua aani feiochun Kot,
Pwapwa, kinamwe, limoch me pung
Pwal chommong feioch ra souniei,
Kot A amwola ngeni ei lang.

184.

Tongen Kot fokkun eoch o ling, usun tinen akkar
Epwe chok tolong lelukei, osulo niuokus,
Rochopwak epwe su mwittir lupwen saram tolong,
Pwapwa o apilukallim, epwe siwili chou.

Chorus:
O tongen Kot, fokkun chapur,
Seni chok lom, pwal ikenai
A pwupwu rei, a pwupwu reom, o aselpato lelukach.

Lupwen saramen ewe tong seni irapenges
Tolong lon lelukei mi roch, ua nelo ren Kot,
Lupwen ua silei An tong mi pwich tori malo,
U fangelo lelukei ren ai Samol Jesus Kraist.

Ewe saram mi ling o eoch, ai pwapwa o ai chip
Ai lonilen o niuokus a fokkun mola ren
Pun usap chuen mwalechfeil o tupwutupwukis,
Pwe ua silei tipen Kot o kuna alen lang.

185. ("Ngang Ua Aani Jesus Noun Kot")

Achiou chapur, noun Jesus ngang,
Lukei a pwapwa o kinamwe ren
Jesus A malo won Calvary,
Ua upsefal ren Ngunmifel.

Chorus:
Ngang upwe kapas, ngang upwe kol,
Mwareiti Jesus iteiten ran
Ngang upwe kapas, ngang upwe kol,
Mwareiti Jesus iteiten ran.

Ngang upwe fokun luku echok,
Aleasochis o pwapwa chapur
Kot Epwe tumunu, tonge ei,
Tinato chon lang, achipa ei.

Ngang ua chengel, noun Jesus ngang,
Ua kinamwe o asoso ren
Lelukei a wil o murino,
Tipis a mola, ngang ua chen.

186. ("Upwe Arap Ngeni Jesus")

Ifa usun tong en Jesus, pun A angei ach nini
Epwe ouseling ach iotek, are kich soulang enlet.
Ifa usun chomong feioch, I mi mochen ngeni kich
Are sa achocho tungor, pwe Epwe echeni kich.

Lupwen aramas oput kich, lupwen melumel chapur
Sisap fokun niuokus ren, are kich soulang enlet.
Jesus Epwe alisi kich, Epwe fokun peni kich
Epwe tongeni selani Noun soulang mi luku I.

Are kich sa mosek chapur, aramas ra nini kich
Are esor anach mongo, sipwe luku chok Jesus.
Aramas ra koum ngeni kich, uwei seni kich ach pisek
Fiu are kapasengaw, sipwe opola ren Kraist.

187.
Sipwe fokun, fokun pwapwa, pwata lelukach mi chou
Lupwen Samach kirokiroch A pusin tumunu kich.

Chorus:
Fokun pwapwa, fokun pwapwa,
Ran meinisin mi eoch
Lupwen sipwe feilo mwirin Jesus,
Pwapwa chok sipwe weri.

Kot A peni kich noun soulang,
Lon ach maun won fonufan
An chen o An kirokiroch a apworafochei kich.

Are sipwe towaw seni, epwe kiroch unukuch
Alach epwe alukingaw, pwapwan lukach epwe mor.

Nge chon pung ra fis o feioch, aler a saramaram
Pwapwa esemuch a sounir, lang a amol ngeni iir.

188.
Kote su seni ei Jesus, ua tungor reom
Lupwen Om nounalo ekkoch, pwal nouni ei lo.

Chorus:
Jesus, Jesus, ua tungor reom,
Lupwen Om nounalo ekkoch,
Pwal nouni ei lo.

Ua mochen weri manau, Ka alisiei,
Lelukei mi chou ren tipis, Ka angasa ei.

Jesus ua fokkun lukuk, En mi ur ren tong
Kopwe forsefali lukei, angasa ei lo.

Popun ai kinamwe, pwapwa, feioch, chen o pung
Sor emon mi usun chok En, ai Chon Amanau.

189.
Chaan Jesus a amwusa ei o amanauaei
A limetalo lelukei pwe upwe kuna Kot.

Chorus: Maing Jesus, ua kilisou ren Om acheniei
         Pun Ka amoila tipisi ren chaom mi ouchea.

Ngang usap chuen liwinimang ngeni Kot Sam lon lang
Pun Jesus A amwusaei ren chaan mi manaman.

Ai tipis esap chuen mak lon puken Kot lon lang
A mola ren An Jesus ma, a tolu ngeni chaan.

A mola ai anumaumau, a fokkun roselo
Ngang ua chen ren Kot en lang, ren ewe chaa mi fel.

190.
Maing ai Kot, ai King, En ai Samol
Ua feito lon ai kilisou mwareiti itom
En Kopwe tekia, En Kopwe ling feilfeilo chok.
/: Noo, ra tekia; Ira, ra tekia; Chuuk kana ra tekia
Nge En ai Kot, Ka nom asalapen mettoch meinisin. :/

/: En Kopwe tekia, En Kopwe ling feilfeilo chok. :/

/: Mwareituk, en ai Kot mi tekia
Pun iei wisach me reom, sipwe mwareituk. :/

191.

Iei alon Jesus: Ngang chok Chon Mas Eoch,
Ua wisen masa filien Kot siip;
Ua fokkun siler, iir ra sileiei, ra pwal silei maliei.

Chorus:
Ekana Ai siip ra rong maliei,
Resap fokkun poutulo feilfeilo chok,
Esor emon epwe attir me le pei,
Repwe manau ese mwuuch.

Foleniei siip ra fokkun manauoch, ra tapweto mwiri,
Ua akkomw mwer; Ua akemweniir o tutumwunuur
Resap kuna osupwang.

Usap likitalo foleniei siip, lupwen wolf a feito
Upwe nonom rer; Ua fang Ai manau fan asengesiir
Pun ra fokkun ouche rei.

Sia fokkun feioch, sisap poutulo
Pun ach Chon Mas Jesus A amwochu kich,
Sipwe isenalong le poun manauach,
Sipwe luku chok An fos.

192.

Jesus A tonge kich lupwen A chuen nom
Lon ling en lang
A fokun riafou ren ach malechela,
 A mochen pwini kich o nonom rech.

Jesus A feitiu rech pwe Epwe pipi kich
Won fonufan
A aani fitukach A nom lon leniach,
A uwei ach riafou o ach atong.

Jesus A malo rech A moni tipisich
Fan mesen Kot
Pwe sipwe ngaselo seni liw'ningawach,
Pwe sipwe chen ren Kot feilfeilo chok.

Jesus A kori kich pwe lipwe liw'nla ren
Semach lon lang
Esap songeti kich pun sia chen me ren
A amwolata rech pwapwa me ling.

193.

Upwe feilo mwirin Jesus, upwe weri ai feioch,
Upwe luku echok Jesus, Epwe ti seniei ngaw
Upwe pwapwa feilfeilo chok, chengel chapur, kinamwe
Pwe u silei le ran, le pwin, Epwe tutumwunuei,
Fokkun ti seniei mi ngaw, amanaua ei won lang.

Are Jesus epwe mochen upwe angang ngeni I,
Likisakuru fonuei, pwii me semei, einangei,
Feilo fonu mi kukulo, walo fosun Jesus Kraist,
Usap opwut, upwe luku, Jesus Epwe etiei,
Usap pos, pwe Samol Jesus Epwe le achipaei.

Are Jesus Epwe efich, upwe nom won fonuei,
Upwe angas angang ngeni afisata lamalam,
Samol Jesus Esap ngeni angang engaw emon noun
Upwe rongokai An kapas, pwapwa angang ngeni I,
Pwe u silei, le ran le pwin, Jesus Epwe etiei.

194.

Iei alon Jesus, Kosap niuokus,
Ngang upwe le etuk ekis meinisin
Are kopwe arap, arap ngeni ei,
Kopwe chip lelukom pun Ngang Usap likituk.

Chorus: /: Usap likituk, ap, Upwe nom reom,
            Pun Ua fokun achenuk,
            Pun ka fokun ouche rei. :/

Kopwe sai won fonu, Upwe akom mwom,
Kopwe sai le matau, Upwe mwirimwir
Upwe wasi alom, tila leniom,
Anenela mesom o anuru inisum.

Kopwe churi nono, kosap molum lon,
Kopwe tori ekkei, kosap kar meren;
Feiengaw en soulang feiochur me rei
Pun Ua awili ngeni feioch ese much.

Kiroch a chok kiroch toau seni ei,
A wiliti saram arap ngeni ei
Saram a chok saram arap ngeni ei,
A wiliti kiroch ren om toau seni ei.

195.
Jesus A tonge chon tipis kana,
Jesus A tonge kich meinisin.

Chorus:
Jesus A tonge ei, ngang uwa pwapwa,
A pwal acheni ei, ngang uwa chen.

Epwe amoila apwangapwangei
O limetochula lelukei.

Epwe aura ngeni lelukei
Kinamwe o pwal mosonoson

A amwolata lon lang in saram
Apari, imwei me piseki

Upwe mwareiti ai Samol Jesus
Lon ranin manawei meinisin

196.

Nengeni won irapenges
Jesus Kraist ach Chon Amanaw
Poun me pechen ra kikinas
Chaan a suputiw le pwul.

Chorus:
Chenin Jesus a pwapwalo
Ren An mwoch won irapenges
Pun A fokun cha o kinas
Punun An acheni kich.

Esap cha faniten chon lang
Esap kinas ren chon limoch
Pwe A ma rech chon limengaw
A echeni kich chon tur.

Are sisap chen ren Jesus
Pwata Epwe ma fan itach?
Ren An malo sia mefi
Pwe sa chochon chen me ren.

Kich mi tipis o limengaw
Sipwe arap ngeni Jesus
Epwe limeti lelukach
O amoila tipisich.

197. (Ngingin "Ami Angei Iten Jesus")

Sa mwareiti tongen Jesus, pwe A aucheani kich
A fang manawan me lingan fokkun fan asengesich.

Chorus:
Tongen Kot, Tongen Kot, A wareiti fonufan
Tongen Kot, Tongen Kot, Jesus A atoto rech.

Sa mwareiti tongen Jesus, pwe A nonom lefilach
Esap oput ach woungaw, pwe A menei leniach.

Sa mwareiti tongen Jesus, pwe A rongorong ach ko
A pwal ouseling ach iotek, Esap pine selingan.

Sa mwareiti tongen Jesus, pwe A emiriti kich
Pwe lelukach epwe limoch, lupwen Epwe kori kich.

198. ("Kot A Koruk, Kopwe Ulo")

Ua pwapwa lon lelukei o kinamwe a nom rei
Pun ai Chon amanaw Jesus A mamasa manawei
Melumel epwe chok feito, riafou me osupwang
Upwe kokoiti Jesus, "Kose mochen peni ei!"

Lom a malo ren ai tipis pokiten An tonge ei
Ikenai o feilfeilo chok tongan epwe lollo chok
Iei mine ua luku ngeni Jesus manawei
Epwe nemeni lelukei o pwal forsefali ei.

Manau semuch ua kuna ren ai Samol Jesus Kraist
Iei popun ai kinamwe, iei popun ai pwapwa
Ua eani pwapwan Jesus, feiochun a nonom rei
Pwata usap uwei an sochauol, are epwe tori ei?

Ua tungor reom, Maing Jesus, Kopwe apworacho ei
Pun ren pwisin ai achocho esap fis ai amwochuk
Ua mochen feilo mwirum, ua mochen nonom reom
Ikenai o feilfeilo chok Kosap likiti ei lo.

199.
Jesus Kraist ach Samol A nonom lefilach;
Sa meniniti I, A pin o tekia.
Esor Emon usun Jesus
[:won fonufan o pwal won lang. :]

Jesus Kraist ach Samol A nonom lefilach;
Sipwe iotek ngeni o tungor feiochuch,
O chenich meren ach Samol
 [:mi kirokiroch ngeni kich. :]

Jesus Kraist ach Samol A nonom lefilach,
Sipwe akauseling o rongorong An fos,
Pwe I Epwe afalafal
[:o amiriti lelukach. :]

Jesus Kraist ach Samol A nonom lefilach,
Sipwe mwareiti I o kokolu An tong;
Pun pokiten An tonge kich
[:ach feiengaw a ukutiw. :]

200.
Ou pwapwa ami soulang,
Mwareiti Kraist tori feilfeilo chok
Pwe I ach chon amanaw a peluku manawan pokitach.

Chorus:
Ou pwapwa, soulang, pwapwa o kokol
Ren I mi nemeni kich ach Samol Lapalap.

Sa pwapwa lon lelukach pun tipisich a fokun musela
A nonom won ach Samol,
Achiou esap chuen nonom woch.

Sa pwapwa ren ach manaw
Pun feiochuch a fokkun lapalap
Esor ach anumamau pun Jesus A amoila song en Kot.

Sa pwapwa ngeni malo
Pun leniach me lang a amol rech
Ach feioch epwe unus,
Ach pwapwa esap chuen muchula.

201.
Maing Jesus Kopwe auseling
Am tungor ngonuk lesorei
Kopwe tinato Ngunmifel pwe Epwe nonom lefilem.

Chorus:
Kopwe efeiochu am fel, amanamana kapasom
Asaramalo lelukem, pwe alom epwe wewe rem.

Kopwele liffang ngenikem menin, mosonoson me tong
Pwe aipwe auseling o rong minne Ka aiti ngenikem.

Kopwe apwichi lelukem pwe aisap tanech are mour
Are achoulo Ngunmifel ren am tatakir me fofos.

Kopwe apworai lelukem pwe aisap kuf lon am sosot
Aopa kem fan nurun poum, pwe aisap churi feiengaw.

202.

Raninfel ach ranin pwapwa, Kot A lifang ngeni kich
Pwe sa ngas seni ach weires, seni riafoun angang.

Chorus:
Sipwe pwapwaiti Jesus,
Sipwe pwapwaiti Kot
Sipwe pwapwaiti Alon
Ikenai lon Raninfel.

Sipwe pwapwa ren ach soulang,
Sipwe pwapwa ren ach fel
Sipwe pwapwa ren ach kokol, ikenai lon Raninfel.

Sipwe efisata pwapwa lefilach o unukuch
Sipwe nengeni chon samaw, ikenai lon Raninfel.

Raninfel ach ranin pwapwa lusun pwapwan Paratis
Som en pwapwan chonlang kana,
Pwapwan soulang fonufan.

203.
Maing Jesus, am Chon Amanau,
En mi fokkun tongei kem
En mi Chon Mas kirokiroch A ken ateneki kem.

Chorus:
Jesus Samol, Chon Amanau,
Am mi noum feilfeilo chok ://

Kopwe fokkun nouni kem lo, amwochu kem seni ngaw
Alisi kem won mwirinno, kuta kem lupwen am su.

Am mi tipis o walingaw, sor och mettoch a nom rem
En echok Ka tufich ngeni amwirinno lelukem.

Am mi mochen weri chen reom, aia mochen euseling
Afeiochu kem amasou lukem ren Om tong chapur.

204.
Upwe arap ngeni Jesus, pun A fokkun tongei ei
Upwe euseling An Kapas, pun A kuta feiochi.

Chorus:
Upwe arap ngeni Jesus, ia upwe nom ie,
Usap chuen touau seni pwe usap mwalechelo.

Upwe pwari ngeni Jesus minne a wor lelukei
Minne ua pwapwa ngeni, minne ua kechiw ren.

Minne aramas ra kapas are fori ngeni ei
Upwe pwal esilei ngeni, pwe lelukei epwe chip.

Minne ekkoch repwe chouchou, ourek, are ottek ren
Upwe walo ren ai Samol o pwal likitalo ren.

205.
Ach lenien op a nom ren Kot,
Ach tit in maun a pochokul
Fansoun riafou mi chomong, a tufich in alisi kich
Pun Satan paluach a sotuningaw kich
Ren manaman chapur
A fokun pworangaw; sor pwal emon usun i.

Ach pochokul a kisikis, sipwe mutir mwalechelo
Are Kot Esap filata Emon mi wisen peni kich
En eis rei io I? Itan mi Jesus Kraist, Jiowa Sepaot
A fokun manaman; A tufich in pworacho.

Are onu en fonufan ra mochen orumalo kich
Sisap chechech pwe tipen Kot epwe le fokun fisita
Sa likitalo rer wouch, inisich, me nouch,
Itach me fonuach fan iten Jesus Kraist,
Pwe sipwe muni muun Kot.

206.

Maing Jesus, En echok ai alilis,
Ai soulang a chok fis ren om nom rei.

Chorus:
Maing Jesus, Kopwe nom rei, Kopwe fokun nom rei
Pun are Kosap nom rei, esor ai pwak.

Maing Jesus, En echok ai pworacho,
Pun paluei ra su, ra niueituk.

Maing Jesus, En echok ai tipachem,
Ka aiti ngeni ei ai silei Kot.

Maing Jesus, En echok ai pung o pin,
Ka lifang ngeniei Ngunum mi fel.

207.

Kosap niuokus ngeni chon sotunuk,
Om pworacho epwe asu niuokus
Rochopwak epwe su seni lelukom, atinata chok saram.

Chorus:
Atinata chok saram (epwe tin),
Atinata chok saram (epwe tin)
Rochopwak epwe su seni lelukom, atinata chok saram

Saramen lelukom epwe lapalo,
Are kopwe ekieki alon Kot
Rochopwak epwe su seni lelukom, atinata chok saram.

Limochun lelukom a men ouchea,
Pun chon limelimoch repwe kuna Kot;
Rochopwak epwe su seni lelukom, atinata chok saram.

Sosotum a mwitir patapatalo
Ren om chemeni An Jesus riafou,
Rochopwak epwe su seni lelukom, atinata chok saram.

208.

Uta lon poun Kraist ach Samol lapalap,
Upwe mwareiti Jesus feilfeilo chok
Ren mereir o kol apingapinga I;
Uta kinamwe lon poun ai Kot.

Chorus:
Uta, uta, Uta lon poun kana, Uta lon poun kana,
Uta, uta, Ngang uta lon poun Samach mi nom lang.

Uta lon poun Jesus Kraist mi nukuchar,
Fansoun niuokus a ken sotuniei;
Ren kapasen Kot ngang upwe pworacho,
Uta kinamwe lon poun ai Kot.

Uta lon poun kana u tufich weri
Chaan Jesus mi alla seni ach tipis,
Uta lon ngasalo I A moniei;
Uta lon poun Jesus me poun Kot.

209.
Jesus Kraist ach Chon mas allim,
Sisap osun och mettoch
A anomu kich le mal un ewe fetil un manaw.

Chorus:
Feioch, feioch fansoun manaw o pwal fansoun ma
Are sipwe asamolu Jesus Kraist lon manawach.

I A emweni ei ngeni ewe koluk un manaw
O apochokula nguni fan itan won al en pung.

Pwal are upwe le tolong lon lemol un nurun ma
Usap niueiti och ingaw, pun En chok Ka eti ei.

Ka amwolata ngeni ei eu chepel fan mesen
Aramas mi oputa ei; ua unusen pwapwa.

210.
Ai osupwang won fonufan a mesemesekis
/: Ai Samol A alisi ei lupwen ai osupwang. :/

Fan chomong ua lolilen o kechu lelukei
/: Ai Samol A achipa ei lupwen ai lolilen. :/

Fan ekoch ua niuokus o epilukingau
/: Ai Samol A apwora ei lupwen ai niuokus. :/

Pwal riafou a tori ei, cheuch a cheri ei
/: Ai Samol A apwapwai ei lupwen ai riafou. :/

Raningaw me ran murino mi wor lon manawei
/: Ai Samol A eketi ei lon rani meinisin. :/

211.
Sa kilisou ren Jesus Kraist ren An kirokiroch
A tumunu o pwali kich lupwen ach mour le pwin
Sa kon o anut kinamwe, tori a ranilo
Sa pwata, sa pwal pochokul o tolong lon saram.

Chorus:
Saram en lang, saram en Kot
Epwe pwal tolong lelukach
Epwe asulo rochopwak
O alingochu manawach.

Akar a tota ngeni kich, a tin won fonufan
Apwichikara pi o pwul pwe ira repwe mar
Apwichikara lelukach, Maing Jesus, ren Om tong
Pwe Epwe char o pulopul ngeni angangen Kot.

Mansusu kana ra pwata, a och ar tikitik
Esor ar fos nge ar ngingi a fen mwareiti Kot
Amokutu pwal lelukach, Maing Jesus, ren om fos
Pwe epwe kilisou ngonuk o mwareiti Om tong.

212.

Soulang meinisin mi nom fonufan, resap tongeni nuk
Won ach Samol Kraist, are sor ar angker mi nukuchar
Itan luku enlet o achifou.

Chorus:
Ifa usun om angker a nukuchar
Lon ewe achaw Jesus Kraist?
Kopwe anuku om soulang
Kuta chenin Kot lupwen fansoun eoch.

Oukich meinisin sipwe nukuchar ren ach luku Kraist
Pwe site riafou; lupwen asepwal o pwal no ingaw
Pwe ach angker luku a nukuchar.

Ir mi luku Kraist, resap riafou are manawer epwele
wesilo; sia sai ngeni manaw esemuch
Mi nonom lon lang ren Jesus Kraist.

213.

Jesus A pworachofeil won fonufan
Chomong ra eketi I lon An mamaun
Aramas mi forsefal ren Ngunmifel
Ra arongafeili ewe ko mi pin

Chorus:
Pwiich mi towaw, pwiich mi kaneto
Oupwe wato en me liapan
Ou achocho tori oupwe kun
Ou panalong aramas lon mwichen Kot

Oukich soulang sipwe fokun pwichikar
Lon ach iotek o ach angang ngeni Kot
Sipwe kori aramas lon imwen Kot
Emweni chon chun o uwei chon pechema.

Kot A amwolata An fetalelap
Sepian a urour, imwan a susuk
Aramasen Israel ra ko me lom
Aramasen fonufan me ikenai

Feiochuch chon angang mi olukuluk
Le kokori wasola lon imwen Kot
Lingach me ren Jesus epwe lapalap
Pwapwach esap mwuchulo feilfeilo chok.

214.

En mi pas seni fonu, achocho chok le fatul
Pun ka pasla, pasla, pasla, pasla fan
Aut a walo en lon matawen riafou kana
Ka pas, pasla, pasla, pasla, pasla fan.

Chorus:
Ka pas, ka pasla, ka pasla
Lon mataw en riafou, seni An Kot chen
Lenien mwalechelo; enan ekis rochokich
Ka pas, pasla, pasla, pasla, pasla fan.

Sopum epwap pwapwala lupwen ka papas towaw
Ka pas, pasla, pasla, pasla, pasla fan
Kopwap pasewu le moch ar-en kose anker lom
Ka pas, pasla, pasla, pasla, pasla fan.

Rong mongungun aparum, a weires le kuta en
Ka pas, pasla, pasla, pasla, pasla fan
O pwi achengicheng-en, kote pwisin towawlo
Kote mang pwe kote pasla, pasla fan.

215.

Manawach won fonufan a mochomoch
Malo a ken souni kich iteiten ran
Sisap fokun silei ranin sopolach
Pun Kot A amonomona seni kich.

Chorus:
Sipwe aier seni tipisich
Sipwe kuta chenich me ren Kot
Sipwe fokun amwol fochofoch
Sipwe ekieki soposopochuch.

Kot A mochen kuna uwan manawach
Ira resap uwa repwe pokupok
Are sisap uaoch fan mesen Kot
Epwe muttir kori kich me fonufan.

Ewe ekkei ese kun a souni kich
Are sisap emwen me foforingaw
Are sisap aier seni tipisich
Sisap kuna manaw esemuch lon lang.

Feioch ir mi malo lon ar luku Kot
Pun ar Samol Jesus Epwe souni iir
Epwe emwenalong ngunur Paratis
Epwe pwal amanawata inisiir.

216. ("Jesus, Lover of My Soul")

Jesus Epwe liw'n-sefal, aramas ou ouseling
Lang epwe le sukula, Jesus Epwe pwato rech.

Chorus:
Jesus Epwe wareto! Aramas, ka rongorong?
Meta epwe wato reom, pwapwa are riafou?

Usun fifi seni lang a fifitiw fonufan
Iei usun ach Samol Epwe muttir pwato rech.

Ir resap amwolata, repwe fokun niuokus
Riafou a souni iir, sor ar feioch feilfeilo.

Chon luku Kraist meinisin, repwe sacheta o meir
Repwe feilunuseta, repwe churi ar Samol.

Sipwe amwol fochofoch, sipwe souni ach Samol
Sipwe fokun limeti lelukach me manawach.

217.
Emon mi nonom lon Kraist emon aramas mi fo
Ra lo kana minen lom, mettoch mi fo ra fifis.

Chorus:
Sofo lelukach, sofo inisich
Sofo fonuach ren Jesus Samoluch.

Ren An Jesus nonom loch, a fen sofo lelukach
Pun a wil ren Ngunmifel, a atoto ekin lang.

Lupwen Jesus Epwe liw'n, epwe sofo inisich
Wewe ngeni inisin lupwen An manawsefal.

Iwe, nge le sopwolon epwe sofo fonuach
Minen lom meinisin, repwe fokun morelo.

218.
Ai tipis meinisin ra nom won Calvary
Ewe irapengesin Jesus Kraist
Chaan ewe Lam a limeti ai tipis
Meinisin ra feil-seniei

Chorus:
Jesus En Chon Amanaw
Jesus angasa-ei-lo
Ese wor ew Achawen Manaw
Sipwe opolo me ia
Me lukun ach Samol Jesus Kraist

219.

Lupwen a fis ewe pwon lefilen ruemon
Kot, Jesus pwal Ngunmifel, eti kem lon mwich.

Chorus:
Pungun chon apwupwulu: Ia en kopwe feilo ie,
Ngang upwe feilo ie! Om Kot pwal ai Kot.

Ra uta fen mesen Kot o ra pwonfengen
Iwe, ewe pwon resap sotun atala.

Ar pwon epwe nukuchar, longolong en tong
Epwe fis fan wenechar o fan kinamwe.

Aulumonun ar pwon epwe Jesus Kraist
Ulufoch sal esap mu tori feilfeilo.

220.

Ua mochen kuna sopoch o kinamwe esemwuch
Ua sani lang in saram
Lang in pwapwa lang in ling

Chorus:
Ua mochen ngas o limoch
Let o saram, pwung o pin
Pun chon eani sokun Jesus repwe eti lon An ling

Upwe kuta limelimoch lon ai fofor o ai fos
Pun chon limoch lon leluker
Repwe kuna mesen Kot

Upwe uwato lon An saram ai fofor iteiten ran
O atina lon lelukei tori epwe pwechepwech

Upwe riri ngeni Jesus ren ai lukulukupwos
Upwe fokkun arap ngeni tori upwe wewe ren

221.

Kich soulang kana meinisin,
Sipwe chemeni Kapasen Kot
Pun iei pochokulen me pwal mamaritan
Manawen ach soulang.

Chorus:
Sipwe alleani Paipel, iotek lon fansoun meinisin
Alleasochis Kapasen Kot mi enlet
Lon fansoun meinisin, pwe sipwe nuk o mamarita
Pwe iei longolongun ach lukuluk.

Soulang lon foforun manawach
Me ach angang faniten ach Kot
Sipwe pwarata pwe kich, ew inis me ew ngun
Lon Jesus Kraist ach Samol.

222.

Jesus ewe Noun Kot Akaleamon
Kot A fang ngeni kich pokiten ach tipis
/: Nge ifa usun letipach, kich soulang meinisin
Pwata mo iei sa tongomang? :/

Chorus:
Soulang kana, mi wor ew tong
An Jesus tong tori fansoun esap mwuch
Feiochun io epwe etiwa I,
Epwe aani ewe manaw esemuch. ://

Meta om akkot ngeni ena manaw
Mutir, kul sefal, siwili manawom
/: Pwata kose tongei aiolom
A weires, riafou, Ion lamotongaw pokiten tipis. :/

223.

Ua fen sapeseni ei mwuun fonufan
A wor riafou o kekechiw me osupwang
Epilukulukungaw a toriei,
Usap pwapwa o kinamwe, ua fen lichipung.

Chorus:
Mi wor ew mwuu, ewe mwuun Kot a nonom lon
Fansoun ese pop tori fansoun esap tongeni mwuch
Kopwe kuta, akkom kuta mwen kunaom meinisin
Pwe repwe kapach ngonuk
Pwe kopwe tongeni sosowani feiochun mwuun Kot.

Lon mwuun Kot echok a wor pwapwa
Kinamwe o feioch me apilukoch
Lon mwuun Kot a wor pung me wenechar
Ka tongeni kuna ren om kuta mwuun Kot echok.

224.

Achema An Jesus tong, A poluku lenian lang
Ua men saw ren ai silei pwe use silei kilisou.

Chorus:
Ua silei Kot tong ei, pwalo won irapenges
Fang manawan pwe upwe manaw
A fokkun tonge-ei.

Maing, fangeto ai pochokul, upwe tongeni pwari itom
Met upwe liwini ngeni selukun Om tong ngeni ei.

225.

Kilisou Semei Kot Lapalap ren Om umoumoch
Me tong enlet, a fen pwapwalo, ren An Jesus malo
Fanitom, fanitach meinisin.

Chorus:
Mwa met, mwa met chienei
Kose mo mefi An Jesus A kokoruk
Seni ei alen feiengaw pwe kosap poutmwalilo.

Nge iei a fen arapakan An Jesus Epwe liwinsefal-ito
Lon kuchu; Epwe wor pwapwa, chon pwapwa
Sengi-seng, chon sengiseng.

226.

Me lom lom ngang mi pout seni le poun ai Samol
Towawlo lon rochopwak; Fonufan mi nemeni
Lon ai kokot meinisin, lon unusen manawei.

Ngang mi tup ren lingochun fonufan me masowan
Meinisin ngang mi kuf ren; meinisin mi sopwongaw
Esap wor ai kinamwe, o ai pwapwa, chip o ngas.

Kilisou pun lon ew ran Jesus A fen wineni
Unusen nguni o manawei; Pun Esap mochen
Pwe upwe poutulo lon rochopwak, pun esap iei tipan.

Pun iei tipan pwe kich sipwe chon angang ngeni
O Epwe pwal ach Samol; Maing Jesus, Alisiei
Amwochu nuku pei, pun ngang upwe pochokul.

227.

Io i mi mochen rong, epwe rong
Ura ngeni aramas meinisin
Jesus A amusa emon mi tipis
Io mochen ngaselo?

Chorus:
Io mochen rong, mochen ngaselo,
Seni an tipis o fofor rochopwak
I Epwe kuta ren Jesus An manaw,
Jesus mochen fangelo.

Io i mi mochen rong, epwe rong
Oute asolapalo chenin Jesus
Ikenai a korato pwe ou feito
Oupwe uet ngeni tipis.

Io i mi mochen rong, epwe rong
Oupwe angei manamanen Jesus Kraist
Oupwe pwora ngeni sosot me tipis
Ren amwochu tong en Kot.

228.

Ou rongorong An Jesus ko, A ko won chuk o fanapi
Kuta noun siip mi mwalechlo fokun achocho kuta chok.

Chorus:
Uwei-ir-to, uwei-ir-to, uwei ir seni tipis ingaw
Uwei-ir-to, uwei-ir-to, wato mi mwalech ren Jesus.

Chon masen mwich a kokoruk, alisi kut mi mwalechlo
Uwei-ir-eto ren Jesus Kraist, ekis ese wor riafou.

Ekana siip mi mwalechlo, ekis lein ira folufol
Repwe chok kuna feiengau are ir resap liwn ren Kraist.

229.

Fonuach lang ese chuen touaw
Lon ekkei ran sipwe ipweri
Lang ina lenien ach wilipos
Ikkewe-ie sipwe nonom feilfeilo

Chorus:
O meta (O meta ren ewe ran)
Ranin (Ranin pwapwa ngeni kich)
Sipwe (Sipwe le tori fonu)
O met ren (O met ren ewe chufengen)

Fan chommong resap aani pwapwa
Manawer mi fokkun tatakis
Ra chok nonom lon ar riafou
Nge lon lang repwe chip fochofoch

230.

Kot A koruk, kopwe ulo, pwata kopwe feiengaw
Are kosap uk me tipis, a chok sounuk riafou.

Chorus:
Kopwe sap seni foringaw, aier seni tipisum
Kopwe arap ngeni Jesus, pwe kosap poutmwalilo.

Kosap mefi om mwalechlo, tipisum esamo naf?
Kote sopwei om puratiw alon Kot mi wenechar.

Kot A koruk, met a sounuk, are kopwe liw'nlo ren
Esap niuk, A achenuk, o amusa tipisum.

Kopwe liwin'lo le poun Jesus, kopwe liw'nlo ikenai
Kot A koruk, rong An koko, malo a arapeto.

231.
Soulang oupwe feito, angang ngeni Jesus
Uta seni chipwang, Jesus A kori kich
Manamanen Jesus epwe alisi kich
Are sa pwapwa fori alon Jesus chok.

Chorus:
Achocho, achocho; iotek, iotek
Pworacho, pworacho, pun iei Jesus A mochen.

Soulang oupwe feilo kuta mi mwalechlo
Oururu ir mi chou, alisiir mi samaw
Oupwe walo saram ngeni mi rochopwak
Awewe ngeni ir usun An Jesus tong.

Soulang oupwe feifeita lon angangen Kot
Ousap menukol chok, oupwe fefin me mwan
Ousap tok are rik, oupwe tupwol o pwos
Pwe chon tupwol le luku ra sopwoch o win.

232.

Angang, angang ngeni Samol Jesus
Pun A fokun watte tanipin
A lo fansoun kukunou me annut
Sipwe angang oukich meinisin.

Chorus:
Angang, akangang, lon tanipin Kot oukich meinisin
Otot o fofot, lon lelukach aramas.

Otot, otot, otot lon lelukach
Pwukun Atam, iran fonufan
Tanech, chipwang, lukumach, mocheisou
Opwut, chofona, o lolowo.

Fofot, fofot, fofot lon lelukach
Pwukun Jesus petewolun lang
Mirit, mokut, rongokai, o fesir
Wenechar o kilisou o tong.

Angang, angang lon tanipin Jesus
Tori Epwe liw'nto seni lang
Epwe kini uwan fotach ira
Sipwe kuna liw'n in angangach.

233.

Ami soulang ousap mour pun a arap ranin Kot
Pun ach Samol Epwe war o apungu fonufan.

Chorus:
Oupwe pwata seni mour, pun a arap ranin Kot
Pun ach Samol Epwe war o apungu fonufan.

A lo pwin nge a war ran, sa poutalo ufen mour
Sipwe ufouf ufen ran, ufen saram, ufen pwung.

Sisap chuen angengaw, mongo mong o unupuch
Lisowu o mochenia, anini o lolowo.

Sipwe ufouf ngeni kich ufen Jesus Samoluch
Pwe foforuch meinisin epwe pwung o unusoch.

234.

Aramas kana ra nom lon rochopwak
Resap chuen kuna al mi wenechar
Ra chok mwalech feili towaw seni Kot
Tori Kraist A feitiw fonufan.
Saram, saram, saram chapur a ken tori chon fonufan
Saram, saram, pwe saram a ken tori kich ren Kraist.

Aramas kana ra nom lon riafou
Rese tufich ngasa seni ar tipis
Leluker esor ar apiluk allim, tori Kraist A feitiw fonufan.
Pwapwa, pwapwa, pwapwa chapur a ken tori
Chon fonufan; pwapwa, pwapwa
Pwe pwapwa a ken tori kich ren Kraist.

Aramas kana ra nom lon woungaw
Sor pisekin ngunur, esor wour me lang
Ra chok kuta feiochur me fonufan
Tori Kraist A feitiw fonufan.
Feioch, feioch, feioch chapur a ken tori chon fonufan
Feioch, feioch, pwe feioch a ken tori kich ren Kraist.

235.

Jesus Kraist I ach Samol, Noun Kot mi tekia
Pwal I echok ach chon affor, lefilach me Kot
A fangalo manawan, ekesiwili leniach
Iei urelapen, longolongen ach luku:

Chorus:
Enlet, Kraist Jesus I Kot A pwa Ion fituk
Kapwungulo Ion ngun pwe I Emon mi Pwung
Chon lang ra nengeni, aramas ra luku I
Kot A angei-ata I Ion lingan.

Iei An poraus allim a katowu ngeni kich
Pwe Jesus Kraist A malo, peias o manaw sefal
Sipwe aronga feili lein chon ekkewe mwuu
Iei urelapen, longolongen ach luku:

236.

Feiochun Kot a tori kich, feiochun lang mi ouche
Sipwe sukalo lelukach, esor och epwe pinei.

Chorus:
Sa feioch ren ach luku Kot
Sa feioch ren ach soulang
Sa feioch ren ach lamalam
Sa feioch ren Maing Jesus.

Met sokun feioch a etto? Sipwe le founi itan
Amusan tipis, kinamwe, pwapwa o manaw semuch.

Nge io epwe feioch ren ekana pisek ouche?
Chon asamolu Semach Kot, chon achifoua Jesus.

Sipwe sukalo lelukach o tungor ngeni Jesus
Pwe I Epwe sukalo poun o fangeto An feioch.

237.

Sipwe luku Samol Kot pun a let kapasan
Esap wor an chofona pun a let
Kapasan a murinno, sia kuna manaw ren
Pun a aiti ngeni kich al en lang.

Satan a afalafal, "Oupwe poutalo Kot,
Pun ren ami luku Kot ousap fis
Are oupwe eti ei, oupwe fokun silei lap
Tipachem o lipwakoch usun Kot."

Sia fokun tupwula ren an fos-chofona
Sia kuta feiochuch lukun Kot
Nge ach feioch meinisin a wiliti feiengaw
Malo a atalo wouch meinisin.

Sipwe liw'nlo le poun Kot, pun an chen esap mwuch
Epwe aliw'nato rech feiochuch
Epwe liffang ngeni kich ewe manaw esemwuch
Ren ach achifoua Noun Aleamon.

238.

A nom rech e-u achaw esap mokutukut
A nom rech e-u akar esap tutuputiw
A nom pisekin fiu, sipwe pworacho ren
Pwal ling en Kot A nom rech, chon lang ra pweili kich.

A nom rech e-u mongo mi manaman o no
A nom rech e-u nurun lupwen a pwichikar
A nom rech e-u kolik mi pupu-fochofoch
Pwal pochokul a nom rech, pwe sisap kufulo.

A nom ach Chon Aururu lupwen ach riafou
A nom ach Chon Alisi lupwen ach osupwang
A nom rech e-u pwapwa mi feitiw seni lang
Lelukach a wor lon raningaw me ranoch.

A nom rech ekei feioch ikei won fonufan
Won lang mi pwal wor chommong mi amwol ngeni kich
Sa feioch, fokun feioch won fonufan me lang
Sa feioch, feioch, feioch ren Jesus ach Samol.

239.
Ngang upwe kokori Jesus, upwe chok sacheta lang
Upwe chok tungor: Maing Jesus, tongei o alisi ei.

Chorus:
Jesus Kraist ai Chon Amanaw; tongei o alisi ei
Sor emon ailei fonufan, En echok Jesus, ailei.

Lupwen ai nelo o pwata, upwe chok sacheta lang
Upwe chok tungor: Maing Jesus, tongei o alisi ei.

Lupwen a toriei sosot, upwe chok sacheta lang
Upwe chok tungor: Maing Jesus, tongei o alisi ei.

Fansoun ai samaw o metek, upwe chok sacheta lang
Upwe chok tungor: Maing Jesus, tongei o alisi ei.

Lupwen ai tolong lon malo, upwe chok sacheta lang
Upwe chok tungor: Maing Jesus, tongei o alisi ei.

240.
Upwe eti Jesus lon ewe lemolun
Ekis chan un manaw o iran manaw nom
Ekis meinisin I Epwe emweniei
Feilo mwirin tori mwarin amanaw.

Chorus:
Upwe fokkun feilo mwirin Jesus
Ekis A ken mochen, upwe feilo won
Upwe fokkun feilo mwirin Jesus
Ekis meinisin Epwe eti ei.

Upwe eti Jesus lon ewe lemolun
Ekis melumel o kechiw a wor ia
Are poun amwochu ei pwe ute turutiw
Usap niuokus pun A tumunu ei.

Upwe eti Jesus lon ewe lemolun
Ia Epwe ange seni ei manawei
Epwe emweniei tori ewe al en lang
Pwe ngang upwe tori ewe chuk un Kot.

241.

Luku Kot iteiten ran, luku lupwen melumel
Are noter lapalap, kopwe luku Kot echok.

Chorus:
Itom, woum, me leniom esap pani chen in Kot
Pwe om lukuluk echok minne kopwe chen me ren.

Kosap kuna manaw ren om fofor mi murinno
Pwe om manaw a chok fis ren om luku Jesus Kraist.

Ren om luku Ngunmifel kopwe saram lelukom
Epwe fokun limetuk, tori kopwe unusoch.

Kopwe pwos le luku Kot, lon raningaw o ranoch
Tori Epwe urenuk, "Kopwe tolong lon ai ling."

242.

Luku Kot iteiten ran, luku lupwen melumel
Are noter lapalap, kopwe luku Kot echok.

Chorus:
Om luku a ouchea seni silfer me kolt
Itom, woum, leniom esap pani chenin Kot
Pwe aleasochis, alea, leasochis o luku
Kopwe kuna, kopwe kuna, kopwe kuna ewe manaw.

Kosap kuna manaw ren om fofor murinno
Pwe om manaw a fis, ren om luku Jesus Kraist.

Kopwe pwos le luku Kot lon raningaw, ranoch
Tori Epwe urenuk, "Kopwe tolong lon ai ling."

243.

Achocho apiru foforun Jesus
Feilo mwirin I lon alen saram
Fori echok minne I a ken mochen
Pwapwa ren pwapwa sa kol ikenai.

Chorus:
Mi echipwor echok fetal lon alen manaw
Fetal lon saram, fetal lon saram
Mi echipwor echok fetal lon alen manaw
Ren ach Chon Sele.

Apiru Jesus ren fofor mi allim,
Achocho won tong o kirokiroch
Pipi chon samaw, amongou chon echik
Akukunu cheuch o riafou.

Apiru Jesus lon sosotun Satan
Maun ngeni Satan ren kapasen Kot
Chemeni minne a mak lon ach Paipel
Asulo ekingaw ren ekioch.

Apiru Jesus lon alen feifeitiw
Tolong lon riafou faniten Kot
Apiru Jesus lon alen feifeita
Le tapweri limoch o unusoch.

244.

O Kot Siowa u mochen En kopwe nouni ei lo
Pun are kosap nouni ei lo, upwe le chok feiengaw.
Pun En al o En pwal manaw,
U mochen chok nom reom
Pwe upwe feiochuni om feioch
Ka amwolata won lang.

Chorus:
Jesus, En kopwe le eketi kich, tongei kich, alisi kich
Pun sia fokun apwangapwang
Nge are Ka fangeto manaman-om
Sa tongeni maun o pwal pworacho
Pun Jesus ach Samol alisi kich
Sa kilisou ngeni Kot lon lang, Jesus Kraist, Ngunmifel
Chon luku Kot resap lichipung, ra kinamwe.

O Kot Kopwe afeiochu om kapas lon lelukach
Om kapas och mongo on ngunuch
Pwe sipwe feifeita ren.
Feiochun chon oucheani Kapasen Kot mi let
Repwe kuna manaw murin malo, manaw ese muchulo.

Iwe, sipwe asamolu Jesus ach Chon Amanaw
Sipwe su seni le poun Satan, pun Jesus angasa kich.
Meinisin sipwe tipew feilo mwirin Jesus
Sipwe likitalo pwapwan tipis o fetal won al chokis.

245.
Ifa langatamen ami mwalechfeil
Ifa towawemi seni Kot
Pwata ousap kulukai o liw'n sefal
Ousap mefi pwe waami a pas?

Chorus:
Oupwe liwin, oupwe liwin
Lupwen asamen lang a susuk
Oupwe kuta ami feioch ese much
Lupwen a chuen wor fansoun chen.

Ifa mochomochen ami ekiek
Ouwa tipeni minne a much
Minne ese much ousap nenengeni
Ouwa unusen chun are maur.

Ifa feiochumi me ren fonufan
Ifa inisochumi le ma
Anan wul ewe fituk ou foleni
Anan af ewe ngun mi atong.

Ifa leniemi me ren Kot lon lang
Ewe fonu mi saram o ling
Pwapwa ese much epwe chochola lon
Resap malo o riafou chon.

246.

Ka mochen silei ngas seni tipis
Ka kuta om chip, limoch o pung?
Jesus om Samol a witiwituk
Pun I echok leni en ngas.

Chorus:
Kopwe ngas, ngas seni tipisum
O pwal chip ren chaan Kraist
Kopwe ngas, ngas seni fotekum
O kinamwe lelukom ren.

Fotekum meinisin repwe le mu
Pun Atam a kuf, Jesus A win
Unukun Jesus ka pwora o win
Sosotum a patelo ren.

Limoch un lelukom epwe le fis
Pun foringawom a mo ren chaan
Kapas en Kot kopwe fotuki lon
Pwe repwe pwuk ekiek-och.

Angangom epwe pwonueta ren
Pun ngunun mi fel atufichuk
Lingoch un Kot epwe lapela reom
Om soulang o fel epwe eoch.

247.
Jesus Kraist ach Samol Epwe wareto
Epwe lingeto won kuchu o kokori soulang kana
Jesus Kraist ach Samol Epwe war.

Chorus:
Kopwe souni, kopwe souni,
Kopwe souni om Samol
Kopwe souni, kopwe souni,
Kopwe witiwiti Jesus Kraist.

Jesus Kraist ach Samol Epwe wareto
Chonlang kana repwe eti, repwe kol etiki rapwa
Lupwen Kraist ach Samol Epwe war.

Jesus Kraist ach Samol Epwe wareto
Sotup repwe manawsefal, soulang repwe feilunusta
Lupwen Kraist ach Samol Epwe war.

Jesus Kraist ach Samol Epwe wareto
Feioch ir mi souni Jesus, repwe kuna ling o pwapwa
Lupwen Kraist ach Samol Epwe war.

Jesus Kraist ach Samol Epwe wareto
Soulang patapat o chipwang repwe fokun ononongaw
Lupwen Kraist ach Samol Epwe war.

248.

Ewer, sipwe chu lon ewe sor
Lon ewe ran mi echipwor
Lupwen fonufan epwe sofo, limelimoch o unusoch
Pun Jerusalem mi sofo epwe feitiw won fonufan
Semach Kot me ach Samol Jesus
Repwe imweim lefilach.

Esap chuen wor lolon mesach
Pun ach riafou epwe much
Esap wor emon epwe malo
Sipwe manaw feilfeilo chok
Nge pwal akurang me fiu fokun esap chuen fis
Minen fonufan epwe mola
Minen lang repwe chochola.

Nge chon niuokus, chon limengaw
O chon lukuluku-mang
Chon ni aramas o chon lisou
O chon aani o luku rong
Pwal chon angang ngeni anu o chon chofona meinisin
Repwe nom lon mataw en ekkei
Repwe riafou feilfeilo.

249.
U silei mi wor ew fonu lingoch won lang
Upwe kuna fansoun ai malo
Are ngang upwe tufich u mwen ai Samol
Epwe wor mwari mwarin lingoch.

Chorus:
Ifa usun epwe wor mwari mwarin ling
Lupwen fansoun ai upwe malo?
Upwe kuna chon luku mi wor mwarin ling
Epwe pwal wor mwari mi lingoch?

Emon soulang mi tupwol o letipepwos
Lupwen sosotun meinisin
Epwe mwarini manaw ese much lon lang
Epwe lingeni ling ese mor.

Ir mi fiuoch lon ewe fiu mi pin
O awesei ar kitir mi och
O amwochu ar lukuluk tori ra ma
Repwe mwarini we mwarin pwung.

Upwe chechech o niuokus lon lelukei
Pun ai Samol A ureni ei
"Kopwe tumunu minne ka aani me rei
Pwe esor epwe angei mwarum."

250.

Lon Paratis mi echipwor o ling
Ngang upwe kuna chon lang meinisin
Mi och ar etik o ngioch ar kol
Amwarar inisir o pisekir.

Chorus:
Nge ai Samol Jesus A ling o echipwor mwen meinisin
Pwapwan lelukei epwe sesewu
Lupwen ai kuna ai Samol Jesus.

Won ewe fonufan mi fo o och
Esap wor riafou are putak
Pwapwa me feioch o manaw me ling
Repwe chocholo ekis meinisin.

Lon ewe telinim Jerusalem, ngang upwe lingeni
Lingen Jesus; imweni imwan mi ouche o ling
Mwarini mwarin mi lingoch o kolt.

Mi pwal wor soulang mi malo me lom, tongeei
Chienei, aramasei; ngang upwe kunasefalir lon lang
Upwe ingeiti ar feioch o ling.

Achiou feioch un lang mi chomong, nguni me inisi
Repwe saram; anei me unumei repwe ano
Imwei me piseki repwe lingoch.

251.
Ach Kot A fokkun umoumoch, A ekieki feiochuch
A amwolata leniach won ewe fonufan mi fo.

Chorus:
Jerusalem, telinim fel, ngang ua mochen eti chon
Fefeiochuni feiochur, Sasarameni saramer
Pipisekini pisekir o aani linger ling en Kot.

Ach feioch epwe somosom pun sisap chuen osupwang
Pun ira repwe uafoch, nge anach epwe mesekis.

Ach saram epwe tinetin won fonufan meinisin
Pwe akar epwe kufula ren lingach aramasen Kot.

Ach pisek epwe ouchea, esor och epwe chuen ta
Ren ekkei, akar, ut me man; pun minen kolt meinisin.

Ach Samol Epwe nonom rech iteiten fansoun meinisin
An feioch epwe feiochuch lon ewe manaw esemuch.

252.

Sa feioch kich pwipwi, mi rifengen lon Kraist
Poun Jesus A amwochu kich tori sa churi lang.

Fan mesen Samach Kot, sa chu ren ach iotek
Lon pwapwa o lon riafou, sipwe tipew fengen.

Are sa mu fesen, sa fokkun lolilen
Nge ngunuch epwe ew echok tori sa tori lang.

Sa apiluk allim lon sosot mi ingaw
Pun Jesus A alisi kich, pwe site kufula.

Lon ewe ran mi lap, sipwe pwal chufengen
O nonom ren Semach lon lang are sa luku Kraist.

253.
Feito fiti ei ras, ami noun Kraist kana
Fangelo manawemi, ngeni ei angang
Asarama ei kiroch, Amora An Kapas
Pun Jesus A kori, chon angang.

Ouseling An koko, "Ou tapweto mwiri
Upwe aiti kemi, Attaw Aramas,"
Niapeniir-eto ren, ei Poraus Allim
Pun Jesus A kori, chon attaw.

Nengeni ewe Chon Mas, A fetal feil
Kuta ekkana siip mi, chuen mwalech'lo
Oukich chon luku I, sa feilo alisi
Pun Jesus A kori, chon fol siip.

Feito fiti ei ras, ami noun Kraist kana
Fangelo manawemi, ngeni ei angang
Asarama ei kiroch, Amora An Kapas
Pun Jesus A kori, chon angang.

254.
Luku Jesus A riafou ren fan itei

A kuna turunufas itengaw, pwal fan itei

Ninni mi lapalap a tori

Meinisin mi pwop seni ai fofor mi ese pwung

Chorus:
Aluwol fopwul kana,

Sap pwal en emon chon ninni Jesus

Ren om fofor ese kan pwung

Fan mesen Samach Kot?

Jesus A fen mwarei ach tipis meinisin

Ach pupungaw meinisin Jesus A walo meinisin

Won Calvary Jesus Kraist A irapenges

A chufon poun pechen, ra posu pwal lepekin

Ninni mi lapalap a tori

Meinisin mi pwop seni ai fofor mi ese pwung

255.
Jesus, Jesus ai Samol
Ngang emon noum mi uleforea
Ngeni om mwichefel, ngeni om Kapas Allim
Upwe tungor kopwe alisiei, pwe upwe manaw.

Chorus:
Ka silei, ka silei met ai ei osupwang
Ka kuna, ka kuna met ai lipwakingaw
Upwe tungor kopwe alisiei, pwe upwe manaw.

Jesus, Jesus ai Samol
Chechemeniei lon muum mi echipwar
Pwe upwe ngaselo seni tipisin ei fonufan
Upwe tungor kopwe alisiei pwe upwe manaw.

256.
En Saramen Fonufan, O Samol
Ka asarama noum
Pwata epwe rochopwak letipei
Pun En Saramen Fonufan, En Saramen Fonufan.

En Pilawan Manaw, O Samol
Ka tatakis fanitei
Pwata epwe echik letipei
Pun En Pilawan Manaw, En Pilawan Manaw.

Ka pworaiti Fonufan, O Samol
Lon En, ua pworacho
Pwata epwe niuokus letipei
Pun Ka pworaiti Fonufan, Ka pworaiti Fonufan.

En popun ai pwapwa, O Samol
Lon fansoun meinisin
Pwata epwe lolilen letipei
Pun En popun ai pwapwa, En popun ai pwapwa.

257.
Me lom emon mwan mesan mi chun
A tungor-mau unukun ewe al
A rong pwe Jesus Kraist A pwisin pwerelo
Iwe, i a poputa le pupuchor:

Chorus:
Jesus, amanawa ei
Jesus, amanawa ei
Jesus, kamwoch pei, pwari tong ngeni ei
Jesus, amanawa ei

Lon ew fansoun emon fefin chon tipis
A turutiw-orun pechen Jesus Kraist
Chon lamalam ra song, ra mochen nielo
Ewe fefin a poputa le si-sio:

Pwal me lom ngang mi nom lon tipis
Nge ua rong porausen Jesus Kraist
Pwe A fichifich won asamen letipei
Ua poputa le koko ngeni I:

258.
Ai Samol mi lapalap, Om kewe fofor a fokun tekia
Om ekiek a fokun alolol, Om tong a nom feilfeilo.

Chorus:
Iei popun kich forean sipwe aronga feili
Usun An Kot alukuluk pwe iei wisach me ren Kot
Sipwe chon elinga I.

259.

Ach kapongen Kilisou ngeni Samach Kot
Ren An tong kirokiroch
A fang Noun we Aleamon pwe liwinin
Ach fofor mi ngaw me fonufan.

Use tufich echok ngang upwe le sio
Sisio ngonuk fan chommong
Maing Jesus, Kopwe kan cheriei
Enlet, ua kan kokongawelo.

Epwe ifa usun manawan nguni
Me won ei fonuenfan
Epwe rikingaw, rikirikingaw
Pwe ese pung koten manawei.

Sopolon manawei won ei fonufan
Epwe liwiniti ewe pwul
Pun kich aramas si for seni pwul
Sipwe pwal liwiniti pwul.

260.
Feiochun chon lukuluk ra asamolu Kot
Kot Epwe asamolur fansoun esemwuch

Chorus:
Feiochun chon lukuluk lon iten Jesus Kraist
Iir echok repwe kuna manaw esemwuch

Feiochun chon lukuluk ra kuta wour me lang
Pun are repwe malo, resap osupwang

Feiochun chon lukuluk ra fori alon Kot
Manawer a ukuwa, anganger a fis

Feiochun chon lukuluk ra pwari An Kot tong
Lon ewe ranin kapwung repwe ononeoch

261.

A sasaram fan lang ren tinechun fuu o maram
A saram fanu ren tinen akar mwiritup
A pwari lapalapen Kot me An manaman
Lon leni lingoch mi apwapwa, ha ha ha ha
/: Wesewesen lon Paradais
Wesewesen lon Paradais :/

Chorus:
Lon Paradais (lenien chon lukuluk)
Lon Paradais ('sor samaw o weires)
Lon Paradais ('sor kechiw letipeta)
Lon Paradais ('sor alalowo fengen)
Lon Paradais (pwapwa chok feilfeilo chok)
Lon Paradais (fokkun ling o echipwor)
Lon Paradais (lon Paradais)
Leni mi fokkun lingoch

A mororo ira, fonu, mansusu, o mataw
A enito asepwal eor, effeng, ötiw, lotou
A pwari lapalapen Kot me An manaman
Lon lenien mi apwapwa, ha ha ha ha
/: Wesewesen lon Paradais
Wesewesen lon Paradais :/

262.

Alollilen fetalin ach siamu fonufan
Pun mi chok aukuk ach fansoun
//:Ese fokun tufich ach sipwe uotamei
Pun fonufan mi nom fan nemenian Kot.

Chorus:
Nge Kot Ese lifilifil An tong ngeni kich aramas
E mochen pwe sipwe chok "ona-chi."

Sisap tatapwei lingen fonufanen ikenai
Pun mi emwen ngeni kich ach riafou
//:Sipwe likisekiru o likitalo ach mochen
Mwarei ach irapenges feilo mwirin Jesus.

263.

Ou feito sipwe kokolun mwareiti ewe Samol mi lapalap
Sipwe atekiata itan mi tekia (mi tekia)
Pun I ewe Samol mi Lapalap
A nemeni lang me fonufan
A pwal nemeni masowan meinisin.

Chorus:
Mwareiti, Mwareiti, Itom En ai Samol
Lon ranin ai manaw me won ei fonufan
Sipwe atekiata itom
Upwe fel ngonuk En chok
Itom epwe tekia lon manawei.

Ou feito sipwe chapetiw mwen mesen
Ewe Samol mi Lapalap
Sipwe fel ngeni o pwal asamolu I (asamolu I)
Itan a tekia seni ekewe iit meinisin won fonufan
Feito, sipwe kol ngeni ach Kot echok.

264.
Sipwe elinga Kot, ren mettoch meinisin
Ren kokol o pwal pwapwa, ren mwareiti Itan.

Chorus:
Siowa, Siowa ai Kot, Selani kem chon tipis (2x)

Iei chok fansoun fich ren manawach ikenai
Pun site riafou sopolon, ika a tori ach fansoun.

265.
Ewe mwanin cheuch, cheuch a-a-a a sip le riafou
A kuna turunufos me tamepich ren aramas kana
Aramas resap mo nenengeni,
Repwe mefi iei usun An Kot tong.

Chorus:
I ewe chon mas (ewe chon mas)
Mi alukuluk (alukuluk)
O echipwor, pin, tekia, feilfeilo.

Sa fori ngeni pwe I emon chon anioput me itengaw
Turunufos sap wor itechun fan mesen aramas kana
Aramas resap mo nenengeni,
Repwe mefi iei usun An Kot tong.

266.
Chommong aramas ra asarongorong
Ngeni ei fichifich An Jesus
Ra nenengeni nge usun rese kuna
Ra auseling ngeni nge rese rongorong
Pun ewe koten fonufan a achunalo mesen letiper
A emweni ngeniir malo ese much
Feiengawen poutmwalilo.

Chorus:
Au selingom ngeni ei fichifich An Jesus
A mochen kopwe suki ngeni manawom
Epwe tolong o nemeni
Epwe pwal walong manaw ese much
Pwapwa, kinamwe ese much
Ika kopwe suki ngeni manawom
Epwe tolong o nemeni.

Meta ei ka akamwochumwoch ngeni
Kote chok missini om ei fansoun
Paipel a apasa iei chok om fansoun
Ese pwal wor ew fansoun
Kote chok tunalo, kote nemenemelo
Nge a "too late" fansoun om liamam
Kopwe fokkun ruko, osupwang, lichipung
O-o-o me atongom.

267.

Soulang kich chon alemurun Kot kana
Sia choni ewe einang mi fil
Sia ko ngeni ewe maunen lukuluk.

Chorus:
Pun sia kuna (sia kuna pung)
Ren ach luku (ren ach lukuluk)
Pun mettoch meinisin ra aani manaw esemuch.

Manaman tufich ra aani lon Jesus Kraist
Ewe lukuluk mi wewe ngeni efou foun sinapi
A tongeni amwakutu chuk me lenian.

268.

Fonufan a kan feioch ren ewe liffang
Kot A tinato Noun Aleamon
Pwe Epwe angasalo chon tipis meinisin
Pwe sipwe kuna ewe manaw.

Chorus:
Jesus echok, Jesus echok, Jesus echok.

Kot A mochen pwe sipwe elinga
Iten Jesus ekis meinisin
Lon ach kol, afalafal, iotek o mwareiti
Iten Jesus ekis meinisin.

269.

Me lon fonuen fanei mi lenien kan otuputup
Satan ropei aramas ren lingen lon fonuenfanei
Unusen mwalechelo ren lingen lon fonuen fanei
Sipwe mwo chechemeni kich chon wasola fonufanei.

Chorus:
Chechen leniach won lang, sia witiwit atun
Ewe ach Chon Amanaw Epwe angei noun meinisin
Malo esap chuen wor, kechiw o letipeta
Puchor, weires, riafou, nge kinamwe feilfeilo chok.

Kich aramas meinisin kich chon siamwu fonufanei
Me lon fonuen fanei mi lenien opuren tipis
Chomong chomong aramas,
Kuf ren lingen lon fonufanei
Sipwe mwo chechemeni, kich chon wasola fonufanei.

270.

Chomong sokun kapasen fonufan a pwal amwarar
Nge mi chok wor ew kapas a wor manaw lon
Iei, iei Jesus Kraist.

Chorus:
Kraist I ewe Kapas a nom ren Kot pun I Kot
A wiliti fituk nge io mi etiwa I ewe Kapas
Epwe kuna manaw.

Kapasen fonufan resap lolo ngeni
Ewe Kapasen Jesus Kraist
An manaman a kufu Satan me chienan
A win o pworacho.

271.

Ach kilisou ngeni, kilisou ngeni Samach won lang
Ren An umoumoch a tori fonufan.

Chorus:
Sa kuna ngaselo, Sa kuna ngaselo
Ren An tong mi lapalap.

Sipwe kol mwareiti Kot ren unusen ach pwapwa
Haleluia, Haleluia Praise the the Lord!

272.

Ngang ewe Samol mi Lapalap om Kot ua (tumunu)
Ua emwenuk tou seni lenien riafou
Ua pwal eketuk ran me ran
Ua lukomwong womw, pun en foriei.

Chorus:
Ngang Emon Kot mi lukomwong,
Emon Kot mi lukomwong,
Ua kirokiroch o songomang
Kosap fel ngeni emon me luki
Kosap fel ngeni emon me luki
Pun Ngang chon om Samol.

Kopwe luku Siowa o fori minne (a mwirinno)
Kopwe luku ngeni om al o apiluku i an emwen
Apwapwak lon Siowa
Ua lukomwong wom, pun en foriei.

273.
Semei Kot upwe mwareituk ren amwararen Om tong
Me umoumoch ngeni ei lon Kraist Jesus
Ua kuna chip, ua kuna ngaselo
Ua kuna manaw ese much. ://

Chorus: Maing ese naf kapas me tufichin
Fonufan epwe awewei
Amwararen Om tong me umoumoch
Letipei a mwareituk
Nguni ua fang ngonuk pwe kopwe nemeni. ://

274.
Met a fis ngeniei lon ekei ranin sopolon
A fen wor ren ai upwele tunalo lon manawei
O ai Samol, kose mochen alisieita lon ai ei riafou
Pun en chok popun, en chok, en chok
Ai ei alen kinamwe, oh pun en chok
En chok ai ei manaw ese mwuch.

Chorus:
O ai Samol, Kosap likitiei, pun ngang mi kan atong
Ren chourekin ai kei tipis mi chomong
Ra kan chouniei, Kose mochen alisieita
Lon ai ei riafou, pun en chok popun, en chok en chok
Ai ei alen kinamwe, oh pun en chok
En chok ai ei manaw ese mwuch.

275.

Ese wor och riafou Kot Esap meefi
Ese wor och uwouchow Esap eochun walo
Ese wor och melumel Esap ekinamwe
Ese wor letipeta I Esap echipa

Chorus:
Punun An mwarei choun fonufan won pwisin Afaran
Ua silei, pwiipwii, pwe I Epwe tumwunuk
Punun An mwarei choun fonufan won pwisin Afaran
Ua silei, mongei, pwe I Epwe tumwunuk.
Alon Kraist, "Feito rei, En mi uwouchow
Pun Ngang Upwe Angasok."

Ese wor och rochopwak Esap asarama
Ese wor och osupwang Kot Esap alisi
Ese wor osukosuk Kot Esap awesi
Ese wor och tipis Esap omwusalo

276.

Jesus Kraist ai King o ai Samol fansoun ai nonom
Ekis meinisin I chok ai Samol
A aani tufich, pwal aani manaman ://

Ai Samol Jesus, alisiei pwe upwe pochokul
Lon ai angang fanitom, Jesus
Jesus, emweniei tori sopwolon ://

277.
Kote tipe-forea, tipe-apangaw won aionei
Mut ngeni Jesus pwe epwe pwal om Samol.

Chorus:
Mwa letipei pwata iei me selipemangom ngeni Jesus
Kote punungaw ngeni ngunii ei,
Ete rejected me ren Kot.

Kopwe feito, Jesus A kokoruk ikenai
Mutir, iei chok fansoun esamo kesip sonuk.

Ika en soulang kopwe nengen fichi lon manawom
Manaw ika malo kopwe filata.

278.
A tori fansoun kokoi won fonufan
Upwele lo churi ai Samol Jesus Kraist

Chorus:
O ngang o ngang o ngang upwele likitalo
Ai family won fonufan lon ar sengiseng chapur
O Jesus Jesus Kopwe aururu letiper, selanir meinisin
O pwal selani ngunur

Maing Jesus umoumoch kopwe nouni ei
Kopwe nouni ei lon Om tong mi lapalap

279.
Kot en ewe epilololun pochokul me popun
Mettoch meinisin, lang me fonufan
Ra fis ren Om kapas me Om tufich.

Chorus:
O en aramas seni pul ka fis ren tufichin Kot
Ka for pun lingen om Kot, inisum me ngunum
Kopwe elingalo om Kot ren.

Kot en ewe Samolun Samol, Kingen King
Me popun mettoch meinisin; Fuu me poon ira
Ra ling ren Om kapas me Om tufich.

280.
A wor lolilen, niuokus, me letip tatakis
Uwosochou a mus me Calvary, Jesus mi arap chok.

Chorus:
Uwosochou a mus me Calvary, Calvary, Calvary
Uwosochou a mus me Calvary, Jesus mi arap chok.

Moneta om aurek won Kraist, likiti nuokus
Uwosochou a mus me Calvary, Jesus mi arap chok.

Kraist a kuna chonun mesom me letip mi aurek
Uwosochou a mus me Calvary, Jesus mi arap chok.

281.

Kilisou ngeni Samach Kot ren ei fansoun mi murinno
Nge pwal kilisou ren ach manaw me pochokul meinisin
Iei sa tongeni chufengen lon, lon ei ranin ikenai
Pwe a fang ngeni kich ach manaw me pochokul.

Chorus:
Meinisin a chok fis, ren chok An umoumoch
Sap ren ai fofor mi pung pwe seni chok an umoumoch
Usun a pusin apasa pwe a tongei kich meinisin
Pwe Jesus Kristus a ma fanitach
Lupwen kich mi chuen nonom lon ach foforun tipis.

Ai Samol Jesus, ua tungor reom Kosap towaw seniei
Pun ngang won pusin inisiei use pwak ren sosotun
Pun ren om tufich me alilis, ua tongeni pworacho
Lon itom Jesus ai King, a tufich meinisin.

282.
Ieritam ai mwalechelo seni lepoun ai Samol
Ua fetal lon kirochun ei fonufan
Use kuna ai kinamwe, ua osukosuk chok
Ei fonufan a emweniei.

Chorus:
Ai Kot Semei, Kosap likitiei
Aitato poum, achimwaeita,
Emweniei pun upwe tufichin
Uta pochokul, angang fan itom.

E suputiw chonun mesei ren ai ua chemeni
Pun ngang emon mi masowan
An Jesus malo won chukun Calvary
Chaan a pupulo faniten ai tipis.

283.

Lon ai nonom ua rong me silei usun
Ei Kot emon Kot mi tong
Ese sisiwil lon nonomun, a tufich, a tekia seni meinisin
Won fonufan pwal won lang,
Ka nom tori feilfeilo chok. :://

Upwe kilisou mwareituk, o Kot
Pun lon om tong En Ka angasa ei
Seni ai kewe chourekin tipis,
Ka awora ai chip me kinamwe
A wor ai apilukoch lon En fansoun meinisin;

Ua fang manawei ngonuk,
Pwe Kopwe wisen nemeni
Kopwe Samolun lon unusen letipei
Alisiei, Maing, pun upwe pworacho
Le pwari Om tong ngeni unusen fonufan.

284.
Ai Samol, Ka etitinaei, Pun Ka silei ai fofor meinisin
Le pwa o pwal le op, ese wor mi mon sonuk
Ai fofor meinisin En Ka silei.

Ita ia upwe sulo ia ne,
Seni fan mesom, En ekis meinisin
Ka nenengeniei, o pwaliiei ren om tong
Ka emweniei lo omwochuei.

Ai Samol, om kokot meinisin
Ra murinno, pun En Ka ekieki
Feiochun meinisin, pun En Kot mi murinno
Pwal En Kot mi uren tong feilfeilo chok.

285.
Ranin manawach a usun ei pon ira
E sol usun epo pon iran le mal
Asepwal eniiti, aseloi esap chuen liwin sefal (2x)

Io a tongeni angasa manawan
Seni manamanen lenien sotup
Ua tutungor reom, kopwe acheniei o alisiei (2x)

Ai Samol Kopwe ouseling ai iotek
Au-selingom ngeni ai sio
Kosap likitiei lon ai sengiseng o lon ai kechiw (2x)

286.

O ai Kot kilisou ren Om tong
Ka tinato Jesus Kraist fanitei
(Nge A malo won irapenges)
Emon mi pwung faniten chon tipis

Chorus:
Ai Kot I (I ewe chen)
O pwal I (I chok manaw)
Kilisou ren om umoumoch
Ka fang lon Jesus Kraist
/: Sipwe mwareiti Kot, mwareiti Kot
Jesus A manawsefal
Sipwe mwareiti Kot, mwareiti Kot
Sa kuna ngaselo. :/

O ai Kot kilisou ren Om tong
Ka siwili manawei ren Ngunmifel
(Ka fang kinamwe o ai pwapwa)
A wor ai chip o ai pwora lon riafou

287.
Oh ai Kot, nonom ngang nge use weweiti
Pwe Om tong popun ai manaw me fonufan
Unconditional Love, fanitei fanitach meinisin.

Chorus:
Iei minne, ngang ua uta mwen mesom, ai Samol
Lon ai kechiw, nge merei nge esap toriei Om tong
Nge merei nge esap naf ai wewe
Unconditional Love, fanitei fanitach meinisin.

Oh ai Kot, nonom ngang lon ai apwangapwang
Pwe Om tong mi uwei ngeni ai pochokul
Unconditional Love, fanitei fanitach meinisin.

288.
Kot Ese pwon, pwapwa kinamwe fansoun meinisin
Nge A pwon pochokul fansoun apwangapwang
Menemenoch lon osupwang
A pwal pwon kinamwe fansoun ach riafou

Sia fotulei ewe fonuen pwon, lon ei matawen
Aleamon chok; are sor chienom, kosap fangeta
Atures lupwen melumel

Kechiw ngeni Kot (lon om iotek), I chok Epwe alisuk
Kechiw ngeni Kot (lon om iotek), Esor pwal Emon
Kinamwe a nonom lon Poun

289.

/: Met ouchean An Jesus malo fanitach :/
Pwe epwe for sefali ewe riri fengen
Lefilach me Kot, o amanawa kich
Seni fan nemenien fonufan.

Chorus:
/: Pwipwi soulang, ka silei :/
Lamoten malon me manawsefalin
Jesus Kraist, fanitach
/: Pwipwi soulang, ka silei :/
Lamoten malon me manaw sefalin
Jesus Kraist, nge ifa usun, ka luku?

/: Manaw sefal iei ew win ren kich soulang :/
Win me pochokul, tufich me pwora
A pwa lon Kraist Jesus ach King
O ach Chon Amanaw.

290.

Mi auchea sipwe nenengeni met popun o pwal
Met auchean an Jesus feitiw rech won fonufan
An Jesus malo o feita lang ina popun
Kich soulang kana sipwe fetal, fetal fochofoch
Pwe epwe pwonueta ach angang, angang
Fan iten ach Samol Jesus Kraist.

Chorus:
A wor tipemwaramwar are upwe le liwin ngeni
Leniei me lom, lenien kichiniwel, lenien riafou
Osupwang, lolilen; nge met Paipel mi fen apasa
Sisap fokun tipemwaramwar, inamwo ika ua lo
Inamwo ika en chok, likiti ekiekin, ekiekin loset
Arongafetalei ewe Kapas Allim.

Mi auchea sipwe chechemeni ew amurinima a tou
Me won ewe irapengesin Christ
Tongei I o tongei minne An
Ina popun kich soulang kana sipwe tong, tong fengen
Lefilach, pwe epwe pwonueta ach angang, angang
Fan iten ach Samol Jesus Kraist.

291.

Inet kopwap mefi pwe ka mwalechelo
Ifa towaw-om seni Jesus Kraist
Pwata kosap kulukai o liwin sefal
Kosap mefi pwe ka mwalechelo

Chorus:
Kopwe liwin feito ren Jesus ikenai
Ren om luku kopwe kuna manaw

Metena en pwii ka pwal ekieki
Kosap mefi An Jesus kokoruk
Om ekiek epwe ngonuk riafou
Siwili chok pun kote osupwang

292.

Ese wor emon epwe usum ai Kot
Ese wor emon a wewe ngonuk
Lon Om tong, lon Om manaman En ai apiluköch

Chorus:
Upwe fetal lon ai lukuluk, esap lon alen kunokun
Lon fansoun, fansoun meinisin upwe luku Jesus Kraist

Lon fansoun menumen me riafou
Ai apiluköch iei Jesus Kraist
I chok ai manaw o ai pworacho lon fansoun meinisin

293.

Jesus A kan apasa ngeni noun kewe chon kaeo
Pwe I ewe al pwal I ewe let o pwal ewe manaw
Ese wor emon epwe tongeni feilo ren ewe Sam
/: Are esap punun I esap wor ewe al ngeni manaw. :/

Chorus:
Ai Samol, ita upwe lo ia, ai Samol,
Upwe feilo chok reom, ese wor efoch al
Lukun ewe chok, Irapenges alen manaw, alen manaw.

Ewe asor mi manaw An Jesus won ewe irapenges
A lap seni meinisin pwal ewe asor mi pokus
Jesus A mochen pwe sipwe tapwelo murin won ewe al
/: Mwarei om irapenges o tapwelo murin won ewe al. :/

294.

Seni letipach sia luku, seni awach sia pwarata
Jesus En chok Samol.

Chorus:
Seni ikenai tori, tori sopolon
Aipwe kolun, kolun pwarata
Pwe Jesus chok, Jesus chok Samol.

Seni om manaman ka fori kich, seni om umoumoch
Ka amanawa kich, seni ach malo lon tipis.

295.

Lon manawen soulang ikenai chomong kapas eis
A wor ach ekiekin ach sisap weweiti
Wewen irapenges (irapengesin Kraist)
Lon manawen soulang ran me ran.

Chorus:
Irapenges lon manawen soulang
A esisilata pwe kich soulang chon kuna
Turunufas, riafou, weires me won ei fonufan
Sipwe mwarei ach irapenges, tapwelo murin Kraist.

Lon noun Paipel aiti ngeni kich
Ika sipwe aani Kraist lon manawach
Sipwe mwarei ach irapenges, tapwelo murin Jesus
Sipwe aani riafou (ran me ran)
Manaw esemuch lon Jesus Kraist.

296.

Mwareiti ewe Samol mi unusen tongeni
Esap wor An lifilifil ngeni emon
Ngeni ei, ngeni kich meinisin.

Chorus:
Meni, Meni ena leni kopwe filata
Pwe kopwe kuna om ngas
Amwo pwipwi ka filata ew alefich
Mi ale ngeni ewe manaw.

Alolilen in ewe kopwung, Su-seni ei, ese mak itom
Kopwe le resin sio me sio, ngungures o sengin tutu
Ese fokun wor lamotan.

297. ("Just As I Am")
Ngang iei, Maing, Esap wor ai pwung,
Nge En Ka asuku chaaom fanitei,
O En Ka kokko, Feito rei, O Lamben Kot, u-a feito

Ngang iei, Maing, Usap witiwit,
Kopwe tölu nguni mi rochopwak
Chaaom chok epwe limetiei, O Lamben Kot, u-a feito

Ngang iei, Maing, Ua turufeil,
Ren ei maun mi fis lon letipei,
Fi-u me nuokus lon, lukun, Nge Lamben Kot, u-a feito.

298.

Ai Kot, Kopwe fori loi ew letip mi limoch, o fangelong
Ew ngun mi fo, pos; Kopwe amoilo ai pupungaw
Lon om umoumoch mi lapalap.

Chorus:
Kopwe fokun tolu seniei ai fofor mi ngaw
O limeti seni ei ai tipis meinisin.

Kosap likitiei-lo, kosap pwal angei seni ei
Ngunum we mi pin, Kopwe aliwinsefal
Ewe pwapwa mi nom lupwen En Ka amanawa ei.

299.

Chomong. chomong riafou mi nonom lon letipei,
Lupwen ngang mi nom fan nemenien ei fonufan,
Chomong sokkun pwapwa ra emweni ngeni ei,
Chomong riafou me pwal weires, ai upwe sopwongaw.

Nge kilisou ngeni Kot pun A fori ei ew al,
Ai upwe tongeni ngas seni ai kei riafou,
A malo won irapenges, ra posu lepekin,
Ra chufonu poun, pwe Epwele malo fan iten ach tipis.

Iwe nge met ach kilisou ngeni Samach Kot,
Ren An fang noun Aleamon pwe Epwele malo,
Fan iten ach tipis, nge ifa usun non letipach,
Ngeni Ach Jesus pun A fen malo won An irapenges?

300.

Amwarar Om akot o Kot, Ka filata met mi eoch
Pun Ka fang Jesus Kraist wiliti Chon Amanaw

Chorus:
A uputiw lon lenien anen man
A wiliti ewe monun asor
A fis ach manaw ren ach luku ewe Lamen Kot

A alolol om tong o Kot, pun Kraist I ewe mi pung
A emon chon tipis o malo iei tong enlet

301.

Chon lang ra pwapwa, ren uputiwen Jesus
Nge chon fonufan, resap mefi
Pwe a wor emon King A uputiw
O resap silei pwe I ewe Meseia

Chorus:
A kan attong Jesus ika ese wor lenian
Lenian mereom, a chok wewe ngeni lenian meren
Lenian meren ewe king Erodes

Mei wor ekkoch sou-fu seni Meseran
Ra kutta Jesus aamwa Jesus
Pwe repwe fel ngeni I, o liffang ngeni
Pwe I Ewe Kingen lang me fonufan

302.

Jesus ai King, Jesus ai Samol, Jesus ewe Saram
I A feito uputiw rech won fonufan
A poluku lenian mi ling pwe sipwe ngas seni
Fotekin tipis o rochopwak o tolong lon saram

Chorus:
Merry-Merry-Merry Christmas meinisin
Aramas mi feito rech, sia pwapwa, chufengen
Lon ei ran ikenai, suki letip, awena om ekiek
Pun epwe pwung fetalin om kós
Epwe wen, epwe pwung, epwe pwal fetal wenewen

Soulang meinisin sipwe le mwokutupok, rongorong
Pupuchor, lon fonuapo; Chuk epwe tekison
Al epwe wenewen, Jesus Epwe fetal won
Tumwunuei, amwochu ei lon Poum, ai Kot

303.
Pwapwa fonufan Kraist A war, Sa etiwa ach King
Sa amwollata lenian lon letipach meinisin
Chon lang me fonufan, kol
Chon lang me fonufan, kol
Chon lang, chon lang me fonufan kol.

Nouch Chon Sele A nemenem, Aramas sipwe kol
Lemolun chuuk me saat, Chonpwupwu me achaaw
Eliwini ar mweireir, eliwini ar mweireir
Eliwini, eliwini ar mweireir.

Sa ngas seni tipis me chou, resap efiti kich
Pun Jesus A pwaralo An feioch mi somwolo
A tori chon fonufan, a tori chon fonufan
A tori, a tori chon fonufan.

A nemenem lon pwung me let, mwuu kana ra kuna
Echipworun An manaman, Amwararen An umoumoch
An tong mi lapalap, An tong mi lapalap
An tong, An tong mi lapalap.

304.
Sipwe meseikeiti Christmas, uputiwen ach Samol
Chengelin lon letipach a pwalo won mesach
Sipwe meseikeiti Christmas, o lupwen sa fefetal
Sa pwapwa, emenimen, o kapong fengen.

Oh ho, Ei irachi a saramaram
Achema ngeni kich, Saram en ach King
Sipwe meseikeiti Christmas, o ika kese mwo rong
Sipwe achioun, enletin meseikeiti Christmas.

305.

O Telenimwen Petlehem, ka fokun tekison
Asan lon lang ekana fu ra kan tinatiw wom
Nge lon om al mi kiroch a tin saramen lang
A toruk epilukuluk lon ei pwinin mi pin.

Pun Kraist ewe Noun Mary pwal Noun Kot Aleamon
A uputiw o a kokon lon lenien enen man
Fuun lesosor, aronga Immanuel A war
Kolun mwareiti Kot ach King, oukich chon fonufan.

O Maing, En Atin Petlehem, auwa sio ngonuk
Omusa kem, o nonom reem, amanawa ngunuum
Aipwe kolun mwareituk lon ei ranin Christmas
O feito reem, imweimw reem, En Kot, Immanuel.

306.

We wish you a Merry Christmas,
We wish you a Merry Christmas
We wish you a Merry Christmas,
and a Happy New Year.

Pwapwan ei Ranin Christmas,
Pwapwan ei Ranin Christmas
Pwapwan ei Ranin Christmas o Ier Mi Na Fo.

Kapongen Pwapwa a tori kemi,
Kapongen ei Christmas o Ier Mi Na Fo.

Pwapwan ei Ranin Christmas,
Pwapwan ei Ranin Christmas
Pwapwan ei Ranin Christmas o Ier Mi Na Fo.

307.

Lon lenien enen man, ese wor kian,
We Monukol Jesus A mour kinamwe
Ekana chon lang ra mamasa I,
We Monukol Jesus A mour kinamwe

En ai Samol Jesus uwa tungor ngonuk,
Kopwe le nonom rei o tumwunu ei
Efeiochu kem pun am meinisin Noum,
Uwei kem ngeni lang pwe aipwe nom reom.

308.

Chon mas kana ra nom le mal, Folenier man ra mour,
Iwe, eu saram chapur A fen tinetiw me lang,
Meinisin ra niuokus, Lupwen ra ken rongorong.

Chorus:
Minne chon lang ra kokol,
A fen fis lon Petlehem. ://

Rongorong chon lang ra kol, Emon King A upwutiw,
A ken feitiw seni lang, Leni fokkun echipwor,
Meinisin chon fonufan, Meinisin oupwele pwapwa.

Soufu kana ra pwal feito, Seni fonu meseiran,
Pun ra kuna ewe fu mi, Saram seni meinisin,
Iwe, ra sasai won fonu, Tori fonu Israel.

Iwe, oukich chon Chuuk sipwal
Fel ngeni ach Samol Kraist,
Sipwe fang ngeni lelukach pwe Epwe Samoluni,
Iwe, sipwe fokkun pwapwa o pwal fokkun chechemeni.

309.
Pwapwa, pwapwa, ikenai ach Jesus Kraist mi upwutiw,
Sipwe fel o kol ngeni ach Chon Sele,
Eti chon lang ra kokol o pwarata pwe I ach King,
Haleluia mwareiti ach Chon Sele.

Chorus:
Haleluia, mwareiti Kot,
Haleluia mwareiti Kot
Haleluia, mwareiti Kot,
A tinato Noun Alleamon fonufan.

Feilo, feilo esilei ngeni mi mot lon rochopwak,
Feioch chapur Jesus A ken wato rech,
Oupwe feito eti mwichen soulang ra mwareiti I,
Haleluia mwareiti ach Chon Sele.

A tori fansoun ach angang sipwe pwata seni mour,
Oupwe nengeni ach King mi pworacho,
Io iir mi mochen feito repwe uta fan An flaik,
Haleluia, Jesus Kraist mi pworacho.

310.
Lon ewe fansoun Herodas a rong,
Pwe a wor emon King a uputiw
A ionfengenni nouwis meinisin,
O a eiis ngeniir fansoun pwan ewe fuu.

Chorus:
A wor (lingeringer)
O a pwal wor (lolowo)
Letipen King (Herodas)
Pwal nouwis Ion (Iutea)
Iwe (ra pwal mochen)
Kuta met (repwe fori)
Pwe repwe angei manauen ewe At.

/: Iei fansoun (iei fansoun)
Epwe le pwonueta
Kapasen lon ekkewe puken soufos
(Pwe epwe le, pwe epwe le)
Uputiw ach ewe King
Nemenian epwe tori unusen fonufan. :/

Mankomoru ekkewe nouwis,
Soutipachem lon Iutea
Ren ar mochen nielo Jesus,
Nge rese tongeni ar repwe kuna.

311.

Kinamwe epwe toruk lon ei Christmas,
Pun ren chenin Kot A fangeto lon Jesus Kraist
A upwutiw lon Petlehem, lenien anen man,
Kingen meseiran me chon masen siip ra fel ngeni I.

Chorus:
Nge ifa usun lon manauom,
Kote chei tipom, ka turulong lon osupwang
Jesus koruk, kote chok mang,
Lon eu chok morupen mas
Soulang meinisin churi Kraist lon asepwal.

Ewe fuu a pwarata waren Mesaiah,
Kingen meseiran ra aronga An upwutiw
Ra feito seni touau o ra liffang ngeni
Ewe Monukol A kokon lon lenien anen man.

Ka fen rong Imanuel A upwutiw rech,
Ewe kapas a fen cheu ngeni unusen fonufan
Ita met ei sipwe aani kunatipingen,
A chok fichifich lukun asamen letipom.

312.
Ach Maing Jesus A uputiw lon Petlehem,
O lon An ululun woungaw mi lapalap
Pwe A kan uputiw ren kich lenien anen man,
Pwe I A mochen nonom rech lon fonufan.

Chorus:
Pwata chon telinim Petlehem,
Resap mochen etiwa En, ach Maing Jesus Kraist
Pwe iei I An Kot pwon me lom,
Epwe tinato Noun Alleamon won fonufan.

Emon chon lang a pwato ren chon masen siip,
O a kapas ngeniir, "Oute niuokus,
Pun ua wato remi ewe rong mi apwapwa,
Pwe Noun Kot Alleamon A upwutiw ren kich."

Chon masen siip ra rong alon ewe chon lang
O ra kapas fengen, "Sipwe feilo Bet-lem,
Pwe sipwe weri noun Kot Aleamon a nom ie,"
O ra weri I, a nom lon wan anen man.

313.

Kaito, ami soulang, pwapwa kol, mwareiti,
Feito, oupwe feito lon Petlehem,
Ou katol ei monkol A wato feioch.

Chorus:
Sipwe le fel ngeni I,
Sipwe le fel ngeni I,
Sipwe le fel ngeni I
Ach King lepungoch.

En King mi lapalap, Kingen chon lang kana
Ka feitiw won fonufan lon riafou,
En Kot enlet seni popun, lomlomlom.

Oupwe kol o keseng, ami chon lang kana
Mwareiti ach Samol o Chon Amanau,
Apingapinga Kot won lang o fonufan.

314.

Chorus:
Feilo arongafeili won chuuk,
Won kewe chuuk ekis meinisin,
Feilo arongafeili won chuuk
Pwe Jesus A upwutiw.

Lupwen ekkewe chon mas ra mamasa nour siip,
Ra kuna kewe chon lang, ra tin chapur lepwin.

Lon lenien mongon man, ra kuna we Monukol,
Ewe Chon Amanau Kot A tinatiw fonufan.

315.
Ua fen kuta, ren saram lon rochopwak,
Ua kuta enlet, nge kuna esor,
Ua mesechun, use tongeni kuna,
Tori we fuu lon Petlehem a suki mesei.

Chorus:
Ua kuna saram a tin lon rochopwak
A pwalo lon nurun, a atiei we al,
Ua kuna saram, itan Samol Jesus
An we mwuun ren feilfeilo chok
Samolun meinisin.

Lon lenien mongon man, we kukkunen
Monukol, Io A luku, I Noun Kot
Ua luku, ua silei mi enlet,
I A siwili manauei, I Noun Kot.

Esinei ngeni fonufan,
Met sia kuna lon Petlehem
I we Kingen Pwon,
Sia chapetiw o fel ngeni, Sipwe fel ngeni.

316.
Mary, ka silei pwe noum monukol
Epwe fetal won saat,
Mary, ka silei pwe noum monukol
Epwe amanaua kich,
Ka silei pwe noum monukol
Epwe ngonuk manau mi fo,
Ei monukol ka nouni
Epwe angasaok, Mary, ka silei.

Mary, ka silei pwe noum monukol
Epwe suki mesan mi chuun,
Mary, ka silei pwe noum monukol
Epwe aluwa asepwal,
Ka silei pwe noun monukol
A fen fetal lon lang,
Lupwen ka kissini noum monukol
Ka kissini mesan Kot, Mary, ka silei.

Mary, ka silei pwe noum monukol
A Samolun mettoch meinisin,
Mary, ka silei pwe noum monukol
Fan eu Epwe nemeni fonufan,
Ka silei pwe noum monukol I ewe Lamen Kot,
Ei kukkun at ka amwochu
I ewe Siowa Kot, Mary, ka silei.

317.
Ka rong ewe kol chon lang ra kokol,
Lon ewe pwinin me lomlom
Lupwen ar etik kesengin pwapwa,
Chon mas ra rong ar pwapwa me lang.

Chorus:
Ling echipwor seni lang,
Kinamwe won fonufan
Ewe saram seni lang a feitiw rech,
Pwapwa, pwapwa, mwareiti-i
Ach Chon Amanau
Sipwe mwareiti o apingapinga I.

En mi silei usun chon lang ra kol,
Ra pwapwa feitiw won fonufan
Chommong founepi ra kol ren pwapwa,
Tori An feitiw won fonufan.

Ka rong ewe fos mwan tipachem ra,
Rong seni lenier mi touau
Ra fetal lepwin o ewe fuu a,
Emwenir tori ar kuna I.

318.
Lepwin fel, lepwin ling, aramas ra momour,
Ruemon pwupwulu resap mour,
Pun A upwutiw emon nour,
Ewe at in lang, ewe at in lang.

Lepwin fel, lepwin ling, unukun Petlehem,
Chon lang kana ra kol me lang,
Chon mas kana ra rongorong
Pwe A war Noun Kot, pwe A war Noun Kot.

Lepwin fel, lepwin ling, lang a suk ngeni kich,
Sia semeni Kot lon lang,
Noun Alleamon A pwiini kich,
Sia chen ren Kot, sia chen ren Kot.

319.
Long time ago in Bethlehem, so the Holy Bible say,
Mary's Boy Child Jesus Christ
Was born on Christmas Day.
Hark now, hear the angels sing,
A new King is born today, and man can live
Forever more because of Christmas Day.

Fansoun lom lon Petlehem, ewe Paipel apasa,
Noun Mary we At Jesus Kraist
A upwutiw lon ranin Christmas.
Rongorong, chon lang ra kol, Emon King minafo,
O sipwe manau esemwuch pokiten Ranin Christmas.

Hark now, hear the angels sing,
A new King is born today,
And man can live forever more
Because of Christmas Day.

320.
Am soufu seni meseiran,
Auwa uwei am kei liffang
Seresilo won saat, tota won chuuk,
Tapwelo mwirin we fu.

Chorus:
O-o, Fu echipwor, Fu lingoch,
Fu asarama kiroch,
Ewe a pwari waren Jesus,
Kopwe emweni kem lo.

Kolt, me mor, me lo-pwokus,
Auwa liffang ngeni Jesus
I Epwe King tori feilfeilo, Nemeni meinisin.

I chok King, pwal I chok Kot,
I ewe Asoren Tipis
Alleluia, Alleluia, Sipwe kolu Itan.

321.
Ion ei Semirit A kokon o mourulo won afon Mary
Chon lang ra kolun mwareiti,
Chon foleni siip ra mamasa.

Chorus:
Ieii, Ieii Jesus Kraist ach King
Chon mas me chon lang ra mwareiti
Fei-to sipwe fel ngeni ei At mi pin, Noun Mary.

Pwata Noun Kot we Aleamon
A kon lon lenien enen man
Au selingom, kopwe rongorong,
Kapasen Kot A pwa lon fituk.

322.
Jesus A uputiw lon telenimwen Petlehem
Nge ese wor lenian lon imwen wasola
Pun a urulo ren chommongun sokopaten wasola
Iei popun A uputiw lon imwen man

Chorus:
Ifa usun, ifa usun, a wor lenien Jesus me lon letipach
Nge ika ese wor, sipwe chechemeni
Ese mwusumwo ach liwini'mang ngeni

Unumon mwan ra nom lemal, ra tumwunu folenier sip
Nge ra fokkun niuokus lupwen ewe chon lang
Arongafeili porausen ewe Chon Amanaw A uputiw
Ra feilo pwe repwe kuna o asamolu

323.

Chon lang ra kokol me lang, o chon mas ra rongorong
"Oupwe feilo Petlehem, o nengeni ewe At."

Chorus:
Glo---ri-a, in ex-cel-sis De-O :://

Chon mas ra mwareiti Kot o fel ngeni ewe Kraist
Ra pwal aronga feili alon ekana chon lang.

Iwe, ou kich meinisin sipwe fokkun chemeni
Jesus Kraist A uputiw, Kot A nonom lefilach.

324.

Fansoun pwapwa, fansoun feioch,
Kot A ngeni kich lon Christmas
Fanufan a rochopwak, Jesus A wato Saram,
Pwapwa, pwapwa oukich soulang.

Fansoun pwapwa, fansoun feioch,
Kot A ngeni kich lon Christmas
Jesus A ken uputiw, Mi wor ach Chon Amanaw,
Pwapwa, pwapwa oukich soulang.

Fansoun pwapwa, fansoun feioch,
Kot A ngeni kich lon Christmas
Chon lang ra mwareiti Kot ren An tinato Jesus,
Pwapwa, pwapwa oukich soulang.

Fansoun pwapwa, fansoun feioch,
Kot A ngeni kich lon Christmas
Jesus Ach Chon Amanaw A mochen alisi kich,
Pwapwa, pwapwa oukich soulang.

325.
Ikenai A uputiw, Jesus ach Chon Amanaw,
A ken feitiu fonufan o wiliti aramas.

Chorus:
Sipwe mwareiti Jesus
Sipwe ingeiti An tong
Sipwe le pwapwaiti An uputiw.

Ikenai A uputiw, Jesus ach Chon Amanaw,
Sipwe feilo Petlehem o atola ewe At.

Ikenai A uputiw, Jesus ach Chon Amanaw,
Sipwe asamolu I o kuta ach chen meren.

Ikenai A uputiw, Jesus ach Chon Amanaw,
Sipwe luku ngeni I manawach meinisin.

Ikenai A uputiw, Jesus ach Chon Amanaw,
Sipwe suki lelukach, pun A mochen tolong lon.

326.
Tongen Kot, Tongen Kot, A ken pwa fonufan,
Lupwen Noun Kot Aleamon, A wiliti Aramas
Tongen Kot a pwa, Tongen Kot a pwa.

Lingen Lang, Lingen Lang, A ken pwa fonufan,
Lupwen chon mas ra masa ar man, Orun telinim
Petlehem
Lingen Lang a pwa, Lingen Lang a pwa.

Atin Lang, Atin Lang, A ken pwa fonufan
A wareit fonufan, le amanawa aramas
Atin Lang A pwa, Atin Lang A pwa.

327.

Ach Chon Amanaw Jesus A nom lon lang ren Kot
Nge ren An kirokiroch A feitiw fonufan
A eani cha me fituk, A chochon pwini kich
Lon inisin me pomwan A wewe ngeni kich.

Chorus:
An umoumoch A lapalap,
An chen a fokkun pwich
A lenieni leniach,
A fokkun pwini kich.

A likiti An pwapwa A poluku An ling,
A eani ach woungaw o pwal ach riafou
A pwal filata lukach pwe Epwe nonom lon
A mochen uwalong saram, kinamwe, chen o tong.

Ach feiengaw a mola, ach niuongaw a mwuch,
Pun ren ach Samol Jesus sa fokkun chen ren Kot
A limeti lelukach a forsefali kich
Sa fokkun apilukoch o pwapwa ngeni lang.

328.
Wichi bell, wichi wichi bell, Bell in Christmas
Jesus A ken feitiw, oupwe etiwa I,
Suki lelukemi, oupwe soulang ngeni
Wichi bell, wichi wichi bell, Bell in Christmas

Wichi bell, wichi wichi bell, Bell in Christmas
Oupwe fokkun pwapwa, pwapwa mwareiti Kot
Oupwe wato saram, oupwe fokkun kokol
Wichi bell, wichi wichi bell, Bell in Christmas

Wichi bell, wichi wichi bell, Bell in Christmas
Sa feilo Bethlehem, katol ewe Mon'kol
Sipwe pwapwa ngeni, sipwe fokkun tongei
Wichi bell, wichi wichi bell, Bell in Christmas

Wichi bell, wichi wichi bell, Bell in Christmas
Kich chon luku kana, sipwe fokkun pwapwa
Sor epwe leluk chou, pwapwa chok lon Christmas
Wichi bell, wichi wichi bell, Bell in Christmas

329.
Sa pwapwa kich kinter, kich nengin me at,
Pun lepwin fel a war o Christmas a fis.

Chorus:
Lelukach a pwapwa o awach a kol,
Pun Jesus ach Samol A uputiw rech.

Sa angei och liffang mi ouche o och,
Pun Kot a fafang Noun Achengicheng rech.

A kon emon menkol lon sepi en man,
Maria me Josef ra tumunu I.

Chon foleni man ra pwal mutirito,
Ra rong me ren chon lang pwe Jesus A war.

Pun chomong pwin chon lang ra feitiw me lang,
Ar kol a amwarar, ar kapas a och.

330.

Feito ra ureniei pa-rum-pum-pum-pum
Sipwe kuna ach King pa-rum-pum-pum-pum
Sipwe liffang ngeni pa-rum-pum-pum-pum
O asamolu I pa-rum-pum-pum-pum,
Rum-pum-pum-pum, rum-pum-pum-pum
Ren liffang chomong, pa-rum-pum-pum-pum
Lepwinei.

Kukun Jesus, pa-rum-pum-pum-pum
Ngang ua wouingaw, pa-rum-pum-pum-pum
Ese wor ai liffang pa-rum-pum-pum-pum
Pwe upwe fang ngonuk pa-rum-pum-pum-pum,
Rum-pum-pum-pum, rum-pum-pum-pum
Upwe fel ngonuk pa-rum-pum-pum-pum
Ren nei drum.

Mary echimwechim, pa-rum-pum-pum-pum
Joseph a pwal pwapwa, pa-rum-pum-pum-pum
Ua fel ngeni Jesus pa-rum-pum-pum-pum
Ua mwareiti I, pa-rum-pum-pum-pum,
Rum-pum-pum-pum, rum-pum-pum-pum
I emenimen, pa-rum-pum-pum-pum
Ngang me nei drum.

331.

We akomwen fansoun kewe chon lang ra kol
Pwe repwe pwarata waren ach Samol
Ra kol ngeni chon masen siip
O esilei ngeniir An Kraist uputiw.

Chorus:
Noel, Noel Pwapwan Christmas
Seni chon lang ngeni kich meinisin
Noel, Noel Pwapwan Christmas
A uputiw Kingen Israel.

Ra pwal kori soutipachem
Lon fonu e towaw seni Bethlehem
Pwe repwe feito o pwal nengeni
Ei monukol a kon lon lenien man.

Pwal kich meinisin lon ei fansoun
Sa kolun mwareiti ach Samol Kot
Kilisou ngeni ren An we liffang
Noun we Aleamon lon Bethlehem.

332.

A fis lon ew pwinin mi ling, porausen sofos me lom
Pwe Jesus Epwe wareto seni mwuun lang in Kot.
O kinamwe epwe tori iir, mi etiwa ei poraus
Pwe meinisin chon luku I repwe wiliti noun Kot.

Pwal kich meinisin ikenai, mi chou ren ach tipis
Sa tongeni chufengen lon we kolun chon lang in lom
Pwe io mi mochen kuna ngas repwe-e tonge-eni
O siwili ar riafou ngeni pwapwan ach King.

333.
Lom lom lon Jerusalem, ew peian pwupwulu ra lo
Ar repwe makke iter fan ollukun Sisar Akostus.

Petlehem a urolo ren aramas chomong kana,
Esap fokkun wor ew room mi pon lon leni Bethlehem.

Ra fichifich won asam, esap fokun wor mwo ew room,
Ar repwe asoso lon, nge Mary a mefi weires.

Josef esap fangeta le kuta lenien asoso
A chok wor ew lenien man, osenimwu ra nom ie.

Ifa usun en me ngang, mi pwal wor ew leni mi mon
An Kraist Epwe tolong lon o epwe wilipos ie.

334.
Oh Maing Kot, Om tong mi lapalap ngeni ei
Esor emon a tongeni epwe apo Om tong
A pwa lon An Jesus Kraist uputiw won fonufan.

Chorus:
A-a uputiw lon leni e ngaw, lon lenien man
A-a uputiw lon leni e ngaw, lon lenien man
Esap wor auchean
Esap wor lenian me ren aramas
Iei usun An Kot tong A fangelo Jesus Kraist
Fan itom, fan itei.
Iei usun An Kot tong A fangelo Jesus Kraist
Fan itach meinisin.

335.
Ikenai sipwe kokol, pwapwa o mwareiti
Ach Samol Jesus Kraist pwe I mi King lapalap
Won lang o pwal fonufan pwal ekis meinisin
Pun I mi lepopun o sopolon mettoch meinisin.

Chorus:
Kich soulang (kich soulang kan)
Sipwe mefi (sipwele mefi)
Usun chenin Jesus (chenin Jesus)
Are pwel ingeiti won mettoch meinisin
Kich mi angang ngeni.

Ewe ran, ranin Christmas, uputiwen ach Samol
Iwe, sipwe silei popun An uputiw
Pokiten kich meinisin mi nonom fonufan
Pun sa nom lon fitikoko, fitikokon ach tipis.

336.
Merry Christmas ngeni ami meinisin
Mi feito lon ach ei ran mi ouchea
Sipwe kol ren pwapwa o mwareiti Kot
Ren An tong ngeni kich meinisin.

Pwata ewe Noun Kot A lenie-ngaw
Usun ita esap I emon mei lap
A kan unusen itengaw meren kich
Aramas usun chok mi woungaw.

Sou-tipachem ra lo, ra kuta Jesus
Pwe repwe fel ngeni o asamolu I
Nge pwata ewe king esap mochen
Etiwa ewe At, Noun Kot.

337.
Jesus Kraist A uputiw lon Bethlemin Judea,
Lon muun Samol Erotes; Sourur chon meseran,
Ra feilo Jerusalem o ra eisinir,
 "A ken uputiw ie Samolun chon Israel."

Chorus:
Ra suki ar iseis kana, iwe ra fang ngeni I
Mettoch mi auchea rer, ra pwan sukalo leluker
Fang ngeni met mi auchea rer.

Erotes a rongorong, a fakkun lingeringer,
Nge a kapas ngeni ir "oupwe feilo kutta I,
Nge are oupwe kuna, oupwe esineto rei,
Pun ngang upwe pwal feilo, upwe asamolu I."

Ewe fu a emwenir tori asamen Bethlem,
Ra kuna ewe monukol A koon lon lenien man,
Ra chapetiw fel ngeni, ra pwan asamolu I,
Ra pwarata pwe Jesus Ach Samol mi Lapalap.

338.
Soufu kana ra feito seni fonu towaw
Ra wato ar liffang mi unusen ouchea
Jesus Kraist A uputiw, Siowa a nonom rech
Kingen King, Samolun Samol, ach Chon Amanaw.

Chorus:
Mwareiti Kot lapalap o chengel won fonufan
Umoumoch ngeni aramas won fonufan meinisin
Feito wato ren Jesus, wato om liffang ren
Fiti unusen letipom, ngeni Epwe nemeni.

Bethlehem a urolo ren aramas chomong
Esap wor leni mi eoch faniten Jesus ach King
Ifa usun letipom, a usun chok Bethlehem
Awora lenien Jesus, sap lon lenien man.

339.
A tori ewe fansoun mi fokkun auchea
Ngeni kich meinisin, chon fonufan meinisin
Pwe sipwe kan fori ach sipwe amolata
/: Sap ren pisek o moni pwe letipach. :/

Chorus:
Sa ki (kilisou) lon ei (fansoun)
Kloria (mwaret) mwaret (eti Kot)
Ren An (liffang) a ti (tinato) ewe Messiah (Messiah)
Epwe angasalo kich seni ach fotekin tipisin
Ach u ngeni Kot won fonufan (fonufan). ://

O ekkewe al mi por, repwe awenewen
Pwal ekewe mi mot, repwe pwal amasou
Pwal ekewe mi chukuta repwe sonoch
/: Me mwan wareton ewe King lap Noun Kot. :/

340.
Kopwe nenelong, lon ewe asam
Nengeni ewe Aat, A mour kinamwe
Ekkewe chon lang, ra kol ngeni I
Chommong chon maasen sip, ra ingemwareiti

Me lon Bethlehem, Jesus Kraist A uputiw
I ewe Samol mi pin, ach King
Ekkewe soufuu, ra fel ngeni I
Ra suki ar liffang, gold, frankinsens me mer

Me lon Bethlehem, Jesus Kraist A uputiw
I ewe Samol mi pin, ach King
Kopwe nenelong, lon ewe asam
Nengeni ewe Aat, A mour kinamwe
Nengeni ewe Aat, A mour kinamwe

341.
Oh, tumunu-och, kosap lukumach

Kote kechiw o lolilen

Pwapwaiti fansoun Christmas

Pun ewe Noun Kot A uputiw rech

Sipwe meseik o kilisou

Pwapwaiti fansoun Christmas

Pun Kot A chemeni kich mi nom lon rochopwak

A tinato An Saram, Epwe tin lon letipach

Oh, tumunu-och, kosap lukumach

Kote kechiw o lolilen

Pwapwaiti fansoun Christmas

342.

Ia emon lam epwe uputiw ia?
Esap lon imwen emon king
Esap lon imwen emon sou nemenem.

Chorus:
Ia chok emon lam epwe uputiw ia?
Epwe uputiw lon eu imwen maan.
Epwe kokkon won fetilipwas,
Pun emon lam epwe le uputiw
Me lon eu imwen maan
O LamenKot - O Lamen Kot - O Lamen Kot

Ia ewe Lamen Kot A uputiw ia?
Esap lon imwen emon king
Esap lon imwen emon sou nemenem.

343.

Feito seni fonu towaw
Tapwelo mwirin ewe fuu
Pwereta won ekkewe chuuk, o feitiw lemal
Feilo kapong ngeni ewe King

Chorus:
I A war, I A war – I A uputiw rech
I mi Kraist ewe Samol,
Kot A nonom rech
ItanJesus, ach Chon Amanaw

Sipwe chapetiw fan mesan
Fang ngeni Jesus letipach
Suki ngeni ewe asam, pwe Epwe tolong
Sipwe kapong ngeni ewe King

344.
Alon asepwal ngeni kukun lamb,
Met-o en mi rong?
A tiris fan lang, kukun lamb,
Met-o en mi rong?
Ei kol, ei kol, a tiris fan lang,
Mongungun turun chomong no,
Mongungun turun chomong no.

Alon kukun lamb ngeni we chon mas
Met-o en mi kuna?
Asan fonufan, en chon mas
Met-o en mi kuna?
Ei fu, ei fu, a tin lon kiroch
Asarama kich meinisin,
Asarama kich meinisin.

Alon chon mas ngeni king mi lap
Met-o en mi silei?
Lon imwom mi eoch, king mi lap
Met-o en mi silei?
Ei At, Ei At, a chech ren an fou
Sipwe wato ren ach liffang,
Sipwe wato ren ach liffang.

Alon ewe king ngeni aramas,
Auseling ai kapas,
Tungor epwe wor kinamwe,
Auseling ai kapas,
Ei At, Ei At, A uputiw rech
A wato saram me manaw,
A wato saram me manaw.

345.
("Silver Bells")

Lon ew fansoun me lom lom
Jesus I A feitiw
Seni lenian mi ling lon lang
Likitalo alen gold, lenien mótun King
Pwe Epwe kon lon lenien man

Chorus #1:
Wichi Bell, Wichi Bell
Esilei porausen Christmas
Wichi Bell, Wichi Bell
Christmas a arapeto

Tikin rapwa, kolun chon lang
Jesus Epwe feitiw
Seni lenian mi ling lon lang
Epwe u won Chuukun Olive
Lon pworacho me ling
Nemeni unusen fonufan

Chorus #2:
Wichi Bell, Wichi Bell
Esilei porausen Jesus
Wichi Bell, Wichi Bell
I Epwe liwin sefal

346.
Sourur kana ra kuta Jesus pwe repwe asamolu I
Nge ifa usun en me ngang lon ach wareto ikenai
Sia pwal kuta Jesus Kraist pwe sipwe asamolu I
En me ngang ou kich meinisin sia pwisin silei

Chorus:
Semei Kot Lapalap, Kose mochen
Kopwe kan alisiei
Pwe use tufich kuta Jesus Kraist
Upwe kuta ren ai fofor
Oh upwe kuta ren ai kapas
Upwe kuta ren upwe asamolu I

King Erotes a kuta Jesus pwe repwe le nielo
Nge ifa usun en me ngang lon ach wareto ikenai
Sia pwal kuta Jesus Kraist pwe sipwe asamolu I
En me ngang ou kich meinisin sia pwisin silei

347.
O irachi, o irachi, kich kinter sia sanuk
Esor ira won fonufan mi lingoch usun irachi
O irachi, o irachi, kich kinter sia sanuk

O irachi, o irachi, a echipwor om saram
Pun chommong kukkun kantela ra asarama ach fel
O irachi, o irachi, a echipwor om saram

O irachi, o irachi, sa mochen akapiruk
Sa mochen pwal asarama meinisin mi rochopwak
O irachi, o irachi, sa mochen akapiruk

348.

O lingochun fu lon Petlehem,
Tin me towaw lon rochopwak,
Asarama alen ekei chon sai
Emweni ekewe soufu
Ren eweia Jesus mei nom
Lingochun fu lon Petlehem, titin.

Chorus:
O lingochun fu, lon Petlehem,
Tinatiw woch tori a ranilo
O emweni kem lon am fetal
Tori ena fonu mi ling
Lingochun fu lon Petlehem, titin.

O lingochun fuun ach epiluk,
Emweni kei chon siamu
Eta won chuk tori lon lemolun
Om saram epwe titin chok
Unumweiran, lukenipwin
Lingochun fu lon Petlehem, titin.

O lingochun fuun ach kinamwe,
Esisilen manaw lon lang
Ikewe ia sipwe le chufengen
Pun Jesus I ewe Fu mi Pin,
An saram esap rocholo
Lingochun fu lon Petlehem, titin.

349.
Merry Christmas, Merry Christmas ngeni ami meinisin
Mi feito ikenai, lon ei ran mi ouchea
Ranin uputiwen ach ei Samol Kraist

Chorus:
Iwe, Iwe meta sipwe aani liffang
Ngeni ach ei Samol lon ranin ei ikenai
Iwe meta sipwe aani liffang ngeni ach ei Samol

Ach ei Samol Kraist A uputiw
Pwe sipwe kuna manaw ren, sipwe kuna ngasolo
Seni ach tipis riafou weires osukosuk meinisin

350.
An Kot ewe Liffang a tori fonuenfan
Jesus A uputiw lon Bethlehem
Nge Bethlehem esap kuna watten me ouchean
Ei liffang seni Kot, iei popun ra chok
Elenia lon lenien enen man

Chorus:
Ach ewe Chon Amanaw A uputiw rech
Ewe Samol Jesus Kristus A uputiw rech
A uputiw rech, A uputiw rech ikenai

An Kot ewe Liffang a tori kich meinisin
Jesus A uputiw rech ikenai
Mei eoch sipwe kuna watten me ouchean
Ei liffang seni Kot, nge met sipwe aani liffang ngeni
Sipwe fang ngeni unusen manawach

351.
Ach kapongen ei ran mi ouche mi kan apasa
Merry Christmas ami meinisin
Ikenai ranin An Jesus uputiw fonufan
A likitalo lingan, woun, me lenian
Wesewesen ren fanitom, enletin pwal fanitei

Chorus:
Ifa usun, met ach liffang ngeni Jesus
Jesus A mochen sipwe fang unus manawach
Pwe sipwe usun ekewe sourur
Ra kuta, kuna Jesus fan limochun letiper

Sipwe tumunu, checki-fichi manawach me ikenai
Pun site kan wewe ngeni ewe King Erotes
Ra resin kuta Jesus nge rese kuna pwe ra kut
Fan lingeringer me songen letiper

352.
A emweniir won chuuk etiw lon lemal,
Ei fu a men saram chapur
Soufu kana sai seni fonu towaw,
Ur ren pwapwa le katon ei Fu.

Chorus:
Ra kuna we fu o ra pwapwa chapur
Ra kuna we fu o ra pwapwa
Ra kuna we fu o ra pwapwa chapur
Ra pwapwa, fokkun pwapwa chapur.

Ekoch ra kuna nge resap tapwelo,
Me reer ese wor ouchean
Nge kana soufu ra luku ewe Fu,
Epwe emweniir ngeni ewe At.

353.

Christmas a arap o mi öch ika sipwe
Chemeni met mi ouchea ngeni kich
Esap met sipwe ufouf are met sipwe mongo
O met sipwe kamo lon ewe sitowa
Sisap feilo ngeni bank, kuta ach liwini'mang
Pun money esap met mi ouchea
Sisap tur lon letipach usun met ese tufich
Pwe sisap kechiw ren ach osupwang

Chorus:
Iei wewen Christmas pwe we Liffangen Kot
A feitiw seni lang lon Petlehem
Ese kamo mi chok free ngeni kich meinisin
Ika sipwe luku o etiwa

Pun Jesus we popun, a fis ranin Christmas
O mi och ika sipwe chemeni
Sisap ekiek akkom usun met sia mochen
Sipwe fel ngeni I lon ei fansoun
Sisap kitipopo ren ach chei pwapwan fonufan
Are kuta met mi chok mo-orolo
Sipwe kilisou ren e-we, liffang seni Kot
A pwato ngeni kich lon Jesus Kraist.

Chorus:
Iei wewen Christmas pwe we Liffangen Kot
A feitiw seni lang lon Petlehem
Ese kamo mi chok free ngeni kich meinisin
Sipwe mochen luku o etiwa

354.
Fonufan a uren rochopwak me lom,
Mwen An Jesus Kraist A uputiw,
Ese wor ach pwapa are kinamwe
Letipach a chou, ngunuch a ma.

Chorus:
Wichi kana bell, elinga irachi
Jesus ewe King A uputiw rech
Wichi kana bell, sa chieta o kol
Pwapwa-iti uputiw en Jesus.

Chengel chapur a tori chon fonufan
Lon ei Monukol mi fo o pin
Epilukuluk o manaw esemuch
Kot A fangeto lon Noun we.

355.
Om tong o Kot mi unusoch o pwung
Ese naf ai weweiti
Esap mwuchukai, esap mwuchulo
A nonom feilfeilo chok

Iei popun sipwe kolun mwareiti
Jesus Kraist ach King (A manaw sefal)   *(A uputiw)*
Kot A fang'to rech apilukoch
Sipwe kol, sipwe kol, sipwe kol, sipwe kol

Jesus A manaw sefal   *(Jesus A uputiw)*
Jesus A manaw sefal   *(Jesus A uputiw)*
Jesus A manaw sefal   *(Jesus A uputiw)*
Jesus A manaw sefal   *(Jesus A uputiw)*

Halleluia, Halleluia-a-a, Halleluia, Halleluia-a

Upwe kolun mwareiti Kot
Upwe kolun mwareiti
Upwe kolun mwareiti :://

Halleluia, Halleluia-a-a, Halleluia, Halleluia-a

356.
Ekkewe chon lang ra kokol
Usun ewe kukkun Monukol
A uputiw lon fonufan
Lon Petlehem lon ew imwen maan

Chorus:
Oupwe kaito, Oupwe kaito
Kich meinisin sipwe le feilo
O katon ewe Monukol
I Jesus ewe Samol

Mansusu kana ou asito
Ami kiniso oupwe pwal feito
O ami kana nipwisipwis-kon
Oupwe nengeni ewe Monukol

Ami pwapwa oupwe le tuta
Ami nipach oupwe etiepach
Ami angarap kana ami tap
Ami poko oupwe tapweto

Tiger me monkey lein wölap
Oupwe le wau noumi map
Ami kairu, elefant, horis
Oupwe le chufengen le karis

357.
Irachi a titin, asepwal a pöpö
Fetal fiti pwapwa, Christmas a kaneto
Rongorong kan bell lechelech fengen
Mweireir, fiti chengel
Lon December 25 ousipwe le pwapwa

Chorus:
Christmas a kaneto
Christmas a kaneto
Christmas a kaneto, ousipwe le pwapwa

Kaeo ai we lesson, tete echö ufei
Amwollata liffang, Christmas a kaneto
Rongorong kan bell lechelech fengen
Mweireir, fiti chengel
Lon December 25 ousipwe le pwapwa

Elinga imwenfel, Kinter repwe program
Family ra chufengen, Christmas a kaneto
Rongorong kan bell lechelech fengen
Mweireir, fiti chengel
Lon December 25 ousipwe le pwapwa

358.
Ewe fu mi ling a tin lon we pwin
Ekewe Chon Lang ra pwato
Ekewe chon mas ra mairu
O ra mwitir uta o feino

CHORUS:
Ai-ai-ai-ai, Jesus a feito
A uputiu lon telenim Petlehem
O sipwe feino o fel ngeni I (2x)

Ra sa ngeni telenim Petlehem
Ra tolong lon ewe leni
Ra kuna Joseph me Mary
O ra fel ngeni ewe monukol

359.
Me lom lon we telenimw, Bethlehem
Emon King A uputiw, lon eu imwen maan
Chon lang ra kol ngeni I, me fan lang
O chon maasen siip ra ingemwareiti i

O asan ewe imwen maan
Ewe fuu a saram o emweni
Ekkewe mwan tipachem seni mesiran
Pun ir ra kutta ewe King

Me lom lon we telenimw, Bethlehem
Emon King A uputiw, Lon eu imwen maan
Ika ekkewe mwan mi tipachem ra kutta Jesus
Upwe pwal kutta

360.
Kukkun Aat kosap seng,
Kukkun Aat mourulo,
Kopwe aunatiw mokurom fan mwari nei Kukkun Aat.

En Samol Lapalap
Mi feitiw seni lang
Nge lon ei pwinin mi pin ka wiliti nei Kukkun Aat

Foriom ekkewe fuu, fonufan me masouwan,
Ka foriir ren poum kewe
Nge iei ua amwochuk lon pei,

Amouru mesom kewe
Kopwe mour, kinamwe
En mi achengicheng rei
Ka nonnom rei, nei Kukkun Aat.

Ngang ua for ren poum kewe,
Nge iei ua amwochuk lon pei.

Amouru mesom kewe
Kopwe mour, kinamwe
En mi achengicheng rei
Ka nonnom rei, nei Kukkun Aat.

Nei Kukkun Aat

361.
Me lom a wor ekkoch chon masen sip
Yodel odelay odelay u u
Ra nonnom won e-u chuuk tekia
Yodel odelay odelu

Ir ra kuna chommong chon lang ra kol
Yodel odelay odelay u u
A uputiw ewe Chon Amanaw
Yodel odelay odelu

Odelay i, odelay i, odelay i i, odelay i.

Iwe, ekkewe chon mas ra feilo
Yodel odelay odelay u u
Ra kuna ewe King A uputiw
Yodel odelay odelu

I a finifinilo lon roron
Yodel odelay odelay u u
O kon lon leenien amwongon maan
Yodel odelay odelu

Odelay i, odelay i, odelay i i, odelay i.

362. (Have Yourself a Merry Little Christmas)
Amo kopwe pwapwa fansoun Christmas
Chip lon letipom
Pwe kopwe urelo ren kinamwe
Amo kopwe pwapwa fansoun Christmas
Kopwe le feioch
Ren unusen An Kot Chen o Umoumoch

Pwe kopwe mefi tongen Kot
A chok pwaralo lon Kraist
Pwe meinisin lon om family repwe pwal ur ren luku

Ika kich sipwe fokkun kilisou
O chechemeni
Mettoch meinisin a tori kich ren Kraist
Sipwe enletin pwapwa lon fansoun Christmas

363.
Ua tan usun fansoun Christmas
Pwe epwe wato kinamwe
Pwe aramas meinisin
Sipwe mochen, pwipwi fengen lon luku
Ua tan usun fansoun Christmas
Pwe epwe wato umoumoch
Ngeni kich meinisin mi wesewesen
Tongei ach Samol Jesus Kraist

Ua tan usun fansoun Christmas
Pwe kich chon Kraist sipwe chok ew
Sipwe tipew fengen, o tong fengen
Ren kilisou o pwapwa chok
Ua tan usun fansoun Christmas
Pwe sipwe elinga Jesus
Ren mettoch meinisin a fis
Sipwe pwari ach tong ngeni Jesus

364.
Ifa usum lon ei fansoun Christmas
Met ka mefi usun Jesus Noun Kot?
I A feitiw seni lang pwe Epwe malo fanitom
Pwe en kosap poutmwalilo
Nge kuna manaw esemwuch

/: Ifa usum lon ei fansoun Christmas
Met ka mefi usun Jesus Noun Kot?
Chommong aramas repwe fel ngeni Jesus
Nge ifa usum ei fansoun Christmas? :/

365. ("I'll Fly Away")

Pwapwan ei ran ngeni meinisin
Mi tolong lon (tolong lon)
Ei ran kich mi pwal chufengen lon
Seni chok Kot (seni chok Kot).

Chorus:
Met sipwe apasa ren ewe liffang (we liffang)
Kot A fang rech noun Aleamon
Pwe sipwe ngas (o sipwe ngas).

Iwe, amo mi eoch sipwe le ekieki (ekieki)
Met sipwe pwal liwini ngeni pwe siwilin (pwe siwilin).

Sipwe ekieki o neneloi met sopolon (sopolon)
Pun site osukosuk murin ach sa malo (ach sa malo).

366.
Mwichefel a mochen ioni noun aramas meinisin
Repwele auseling afalafalen Kot
Usun alon Jesus ngeni noun kewe chon kaeo
Repwe pwari pwe I Kot mi enlet.

Chorus:
Mi chomong chon rukolo lon tipis
Rese tongeni aier sefal
Pwapwan fonufan mi chok mochomoch
Esap usun pwapwan won lang feilfeilo chok.

Pwata mo iei sa wei-tamei ekiekin tipach
Fan ew, fan ew kich sipwe liemam sefal
Ika a tori kich ewe kapung, likawiwi
Ese tufich sipwe upu-sefal.

367.
Jesus En Ai King, ai Chon Amanaw
Ai Samol, ai Chon Pwora,
Iei ai chip me apilukoch
/: Ka pin ka ling o unusoch,
Ka emweniei lo ran me ran :/

Chorus:
Emweniei Maing, tori lon leniom lang
Ikewe pwapwa, kinamwe a mwol fanitei
Iei ai apilukoch
/: Lon lang, lon lang, lon lang ren Kot
Upwe churi Jesus ai King. :/

Usap chuen mwalechfeil o tuputupukis
Pun ua silei tipen Kot
Iei ai apilukoch
/: Jesus A nom lon manawei
A emweniei lo ran me ran. :/

368.
Fansoun ai nom lon riafou
Ese fokkun wor ai pwapwa, letipei mi tatakis
Ngeni Jesus unusen ai fansoun lon iotek.

Chorus:
Ngeni Jesus unusen om fansoun lon iotek
I chok a tongeni alisuk lon om osochow
Ngeni met me aweiresi ngunum
Pwe i epwe wisen alisi ngunum
Ngeni Jesus unusen om fansoun lon iotek.

Lon ai weires lon manawei
A wor ai aurek lolilen, kuchuu-chol a fis ai niuokus
Ngeni Jesus unusen ai fansoun lon iotek.

Ua mochen silei pekilon met epwe fis won ai ei al
Ika epwe chomong weires
Ngeni Jesus unusen ai fansoun lon iotek.

369.
Usun melom ngang mi kalopus
Ese wor ngaselo seni riafou
Nge Jesus A war, selaniei
Mwareiti Kot, ngang ua ngaselo.

Chorus:
Jesus angasaei, ua ngaselo
Jesus apichalo ai fotek kana
Nge ua sesai ngeni lang upwe churi Jesus
Mwareiti Kot, ngang ua ngaselo.

Iten ran ngang ua mamarita
Rochopwak kana ra susu-seniei
Ran me ran ngang ua fiti ai Samol
Mwareiti Kot, ngang ua ngaselo.

Kole nom tipis me chiechiom
Usap chuen kuf ren ei fonufan
Ngang ukuta won ewe achaw
Mwareiti Kot, ngang ua ngaselo.

370.
Ua osupwang ren uwan ai mochen
Ren pwapwan lingen won ei fonufan
Mi afangema nguni ngeni ewe fansoun sopolon.

Chorus:
Sipwe mut ngeni Jesus manawach
Epwe emwenalo ngeni
Lon ewe lenien pwapwa ese mwuch.

Kopwe kuluto ai Samol Jesus Kraist
Cheriei o amwochu peii, pun ngang use mwenin
Ai upwe lo ren chourekin ai tipis.

371.
Ewe feiochun Kot a pwa lon Jesus Kraist
Chomong manaman a fori ngeni chon semwen
/: Esap lifilifil met sokkun semwen
Lapelon ekewe mi ma ra manawsefal. :/

Chorus:
Iei An Jesus angang, achikara semwenin inis
Nge lapelon a pwal mochen echikara
Ewe semwenin ngun mi weires o atong.

Jesus A kokori en o pwal ngang
Kokori kich meinisin mi chouchou kana
/: Fangeta ren Jesus om semwen meinisin
Murinno om siongaw mwen om epinoch. :/

372.
Jesus Kraist, ua chemeni om fangesom
Ka apöölo, ma-anawom
Fan chomong, ua mwar ren oukukun om Tong
A siwili manawei, A siwili manawei.

Chorus:
U chemeni sefali Om malo fanitei
A ta lon letipei punun om chen ngeni ei
Ua kilisou, mwareituk
Fangelo manawei ngonuk.

Iei Kot, amwarata wom ewe lit
Mi tekia, mwen iit meinisin
Jesus Kraist, En Kingen Lang me Fonufan
Letipei a mwareituk, Letipei a mwareituk.

373.

Maing Jesus ai Kot, Kopwe kan mwut ngeniei
Ai pochokul o likitiu, pwe upwe kan tongeni
//uta me fetal lon Om saram nge esap kan wor
Ai tipemwaramwar lon ekieki
Lupwen sosot a kan toriei//

A fan chommong ai turulo achochota
Lon kichouchou ese neon nemesei kirochoroch
//mesen ipwei o pei, sereta won ira fonufon kana
Lolilen chapur ngang lon manawei
Me won ei fonufan//

Upwe kun ngonuk pun En chok chon chimanuwei
Lon weires o ekipwich, riafou mi lapalap
//amo ai tungor ngonuk esap fis mosotan ren
Pun iir mi kan chommong o epichchin
Maing Jesus Kot ngang mi lukuluk reom//

374.

Lon Kraist echok, ua luku
I ai saram, ai pochokul
I ewe foun lepwokuku
Ai longolong o ai achaw
Ai Chon Tumwun, Chon Aururu
Asuelo ai niuokus
I mettoch meinisin merei
Ua-uta lon An Kraist ei tong

Lon Kraist echok, Noun Aramas
Pwal Noun Kot Achengicheng
Liffangen chen me umoumoch
Ketiwengaw ren aramas
Nge won ewe irapenges
Ai liwini'mang a wesilo
Ai tipis a mwareta won
Pwe upwe tufich mwusolo

O inisin mi eoch o pin
Peiaselo ulungat ran
Nge usun tö-tan malen Ran
A-manaw sefal o lingelo
Iei A win o pworacho
Angasaei seni fotek
Ngang emon noun, I ai Samol
Ua mö-sefal ren chaan Jesus

Manaw lon ngas, me kinamwe
Use-chuen niueiti malo
Pun ai Samol a nonom rei,
Jesus esap likitiei
Esor emon mi tongeni
Eitieiwu seni le poun
Tori an feito ange-ei
Upwe fetal fan an emwen

375. (In the Sweet By and By)

Lenien nguni mi nom Paratis
Ia esap wor weires ia
Ia soulang mi malo Ion Kraist
Ra mwareiti Jesus ewe Lam

Chorus:
Paratis, Paratis
Lenien nguni mi nom Paratis
Paratis, Paratis
Lenien nguni mi nom Paratis

Ewe fonu mi unusen eoch
Semach Kot A amwollata rech
Pwe ach toropasfeil epwe wes
Nge ach mwichfengen ren epwe fis

Paratis a chok suk ngeni kich
Are itach a makelo lang
Are Jesus A imweim loch
Ren ach luku o etiwa I

Sipwe tumwunu itach Ion lang
O alenia kich Paratis
Sipwe kuta pwal aramasach
Pwe pwal iir repwe soposopoch

376.
Kich aluwol me fopwul kana
Sisap chei ach kei pwapwa
Pwe Jesus A resin kokoruk
Pwe kopwe liwinsefal

Chorus:
Nge ifa lenien Jesus me reom lon ranin manawom
Ina ai nom lon sakaw me marijuana
Nge pwata kose le kul sefal
Poutalo pwapwan fonuenfan

Pun-ungawen ach kewe lewo,
Ra malo o ra kan likiti ngeni kich
Chomong osukosuk me riafou kana
Pwe ach soulang esap pwonueta

377. (Loch Lamond)

Ua neneta o katol fan lang,
Ua wititituk, Samol Jesus,
Lon eu ran Kopwe ipwetiw won we kuchu,
O kokkori iten noum meinisin.

Fonufan epwe fangewu ekkewe
Mi malo o peias fan pwul,
Mataw epwe pwal fangewu noum meinisin,
Ir repwe le manawsefalita.

Kopwe emwenikem ngeni fonuom
Mi nonnom asan lon Paradais,
Aipwe mommot reom orun Om we chepel,
Ren ewe kametip mi apwapwa.

Esap wor kechiw esap wor riafou,
Esap chuen wor io epwe malo,
Esap wor metek, semwen are rochopwak,
Aipwe le nonnom reom feilfeilo chok.

378.
Semem Kot lon lang asan, Itom epwe pin
Mwuum epwe war, letipom epwe pwonu'ta
Pwonu'ta won fonufan usun chok lon lang
Mwuu me manaman me ling, Om feilfeilo chok

Kopwe le fang ngeni kem enem ikenai
Omwusalo am tipis usun chok pwal am
Kosap emwenikem'long, lon sosot kana
O selani kem seni ewe mi ingaw

Pwonu'ta won fonufan usun chok lon lang
Mwuu me manaman me ling, Om feilfeilo chok

379.
Jesus upwe nom orun, Om we irapenges,
Ikewe chaaom a pwulo, won we Chuuk Calvary

Chorus:
Orun Om irapenges, upwe elingók, Maing.
Tori fansoun ese mwuch, upwe elingók, Maing.

Orun Om irapenges, Ka aiti ngeniei
Om tong me Om umoumoch, mi pwellifeiliei

Orun Om irapenges, ua kuna Om asor,
En we Lam mi unusoch, Ka malo fanitei

Orun Om irapenges, ngang ua pworacho,
Pun ua nom fan nurun, Om we irapenges.

380.
Kraist A riafou fanitach, Kraist A riafou fanitach,
Kich meinisin, kich mi nonnom won ei fonufan,
Lenien pwapwa mochomoch.

Chorus:
O-ho me senipemangen letipen aramasen
Lon ei fansoun ngeni An Jesus ei angang.

En me ngang sipwe ekieki, en me ngang sipwe ekieki
Ika epwe, met popun An Epwe liwin sefan
Ngeni noun mi luku kana.

381.
Ach lenien apiru mi nom ren
Atekisoson o wiliti chok usun kich
Emon At mi tekia nge a feitiw
Peluku lingan pwe epwe feito selani kich

Chorus:
Ita inet mwo chok fansoun sipwe kaeo o silei
Pwe I ewe Messeia, sipwe luku, sipwe luku
Pwisin om filata epwe ngonuk
/: Manawen ngunum me ekiekum ngeni Kraist :/

Fokkun wewengaw chok en me ngang
Pun sa chok mochen apungalo ach lenien-rong
Nge osupwang ngeni en me ngang
Are sisap rong o mochen kaeo, feiengaw chok

382.
Emon soulang mi lelukeni leluken Kot
Epwe fori minne letipen Samach Kot won Lang
Sipwe asamolu ach Kot, elinga Kot lon ach fofor
Sap chok lon fansoun ran mi eoch, pwal ran mi ngaw

Chorus:
Kopwe tupwol lon om pwarata om tipis meinisin
(Fan tata) Fan tatakisin lon letipom kopwe kan mefi
Om atong me eniopwut me fan mesen
Fan mesen Samach Kot, Kopwe niamam
Tungor umoumochun ewe Samol mi Lapalap

Emon soulang mi lelukeni leluken Kot
Epwe fori minne letipen Samach Kot won Lang
Epwe positi rongorong Kapasen Kot mi pung o enlet
Iei usun ewe leluk mi apwapwai Kot

383.
An Kot tong mi metek a fis pwe ach ngaselo
Seni fotekin ach tipis me lon ewe fansoun
Jesus A irapenges o malo ://

Chorus:
Pwata pwe An Kot tong mi fiti metek
Pwe masowen An Kot tong, Jesus Noun we Aleamon
Ewe tong, Jesus mi kinas o pwu seni chaan
Riafou, metek o malo

384.
An Kot kokot ngeni fonufan a pwa lon Jesus
A peluku lenian mi ling a nom lang
A tori fonufan me lon An tipetekison
Aleasochis wisan me ren Kot

Chorus:
Nge A kuna turunufos me nini
Riafou ren chourekin ewe irapenges
Esap lalangaw ren An eani riafou
Alleasochis wisan me ren Kot.

385.
Sa kapas usun Jesus, we Kingen King kana
Samolun Samol kana, tori feilfeilo chok
Jesus chok ewe Al, we Enlet o Manaw
Sa kapas usun Jesus ran me ran

Sa kapas usun Jesus, we Konikin Manaw
We Asam ngeni Lang, pwal ewe Lamen Kot
Jesus, Chon Amanaw, Chon Mas mi Murinno
Sa kapas usun Jesus ran me ran

Sa kapas usun Jesus, we Ira mi Enlet
Ewe Noun Aramas, pwal Noun Kot Aleamon
Jesus chok A malo, peias, manaw sefal
Sa kaps usun Jesus ran me ran

386.
Are a tori fansoun om tolong lon mwuun lang
Ling en lang epwe achunalo mesom
Nge lon om ingeiti o mwareiti met kunaom
Kosap menluki ai tungor ngonuk

Chorus:
Kuta ei pwe ngang upwe sounuk
Mei tufich om kopwe menluki ei lo
Ren lingochun lon lang
Nge are mwo engerou ier mwirin om tori lang
Kuta ei pwe ngang upwe sounuk.

Atongan pwii, chienei kosap kan tunalo
Fansoun umoumoch Kot A liffang ngonuk
Mwut ngeni epwe emwenukelong lon mwuun lang
Pwe sipwe chusefal lesopolon.

Kot a pwon o fang manaw ese much lon Jesus
Ngeni chon etiwa Jesus meinisin
Su seni malo, mutir chok su ngeni manaw
Rong ngeni Kot pwe pwal tongeni

Ending #1
Nge are mwo engerou ier murin om tori lang
Kuta ei pwe ngang upwe sounuk

Ending #2
Kuta ei chok, upwe pwal kuta en.

387. (Come Thou Fount)

Ngang upwe kol, ngonuk Jesus,
pokiten Om umoumoch.
Om chen a nom feilfeilo chok, iei popun upwe kol.
Mweli-ei epwe le to-oruk lon le-eniom me lon lang
Mwareiti ai Chon Amanaw, Ka amanawa nguni.

Upwe le eitieta pei, pun En Ka alisiei
Ka kuttaei lupwen u-a, mwalechelo lon tipis
Ka u-uwei ai tipis kana, won e-ewe irapenges
Pwe Kopwe le chimanuei, pwe usap mäfeiengaw

Kilisou Maing Samol Jesus, ren Om tong mi lapalap
Amwochuei lon poum kewe, pwe usap pwal tokolo.
Upwe-e chok nom arap ngonuk, upwe manaw fanitom.
Letipei a nonnom lon poum Upwe tongek feilfeilo.

388. (I Must Tell Jesus)

Upwe ureni ai Samol Jesus
Usun ai kewe osukosuk
Lon riafou Epwe alisiei
I A tongei o tumwunu Noun.

Chorus:
Upwe ureni, ai Samol Jesus!
Usap amwochu ai wosochou
Upwe ureni ai Samol Jesus!
I A tongeni alisiei.

Upwe ureni ai Samol Jesus
Usun ai riafou o weires
I chienei mi fokkun umoumoch
Epwe awesi ai riafou

Lon ai sossot o lon ai osupwang
I A tongeni angasaei
Upwe ureni ai Samol Jesus
Epwe uwei ai we wosochou

Pwapwan fonufan a kokkoriei
O letipei a apwangapwang
Upwe ureni ai Samol Jesus
Ren Kraist Upwe pworacho o win.

389. (A Sinner Saved By Grace)

Ika ke fen chok kunaei
Me mwen ai upsefal
Ika ke fen sile'ei
Lon manawei me lom
Iwe, en kopwe fokkun mairu
Ren tufichin Kot
Pwe A tongeni chimanu
Emon usun chok ngang.

Chorus:
Ai kewe tipis, ra mwu-sulo
Jesus A irapenges,
Lon leeniei
Iei ua aani manaw
Ua kuna ngaselo
Kraist A limeti, ai kewe tipis
Ua upsefal ren Jesus.

Usap tongeni eingeing
Won ai kewe foffor
Pun Kraist ewe A kuttaei
O amanawaei
Ika esap punun Jesus
Upwe mwalechlo
Nge ikenai ua manaw
Ren ai luku Jesus.

390.
Use silei Jesus me lom pwe ai King
Ua fefetal aleamon chok
Tori ew ran a emweni manawei
Mwinemwinoch ai King me ngang

Chorus:
Tongei me ren a fis pwe mwonomwonen manawei
Fonufan a nom le poun, met ngang me ren?
A men metek mokurei le ereki
Popun An Jesus tonge'ei.

Ai King me ngang seres-ipok lon ei noom
Chomong re nom lon ei mataw
Ai King me ngang aua resin kokorir
Mwinemwinoch ai King me ngang

391.
O Ai Kot asofoi nguni, ren Om tong mi pung o enlet.
Chunaeita seni ai tipis, u chepeti foun ai turulo

Chorus:
O Ai Kot ai ngas lon ai riaffou, ai nuk non ai weires
En ai kinamwe non ai lolilen, ai chip lon letipeta

Ion epwe osen aituk pwe ngang emon chon tipis?
Ka kuna leroch o lon saram, Ka silei mettoch meinisin

Mut ngen'ei ai upwele kan winipos fan nurun poum
O asepa won mesom ngen'ei
Pwe upwe kuna om saram.

392. (At The Cross)

Ewe Samol ai Chon Sele A malo fanitei,
Nge io ngang pwe a iei usun an tongeei.

Chorus:
Saram a tin seni An Jesus irapenges
O ai we osochou a mólo
Ren ai luku Kraist ua kuna manaw,
O iei upwe pwapwa fochofoch.

Pokiten ai kewe tipis, Jesus A riafou,
Amwararen An tong mi lap, esap wor aukukun.

Akkar a rochopwakelo, fonufan a chechech,
Lupwen ewe Chon Foriir A malo fanitei.

Maing Jesus ua fang ngenuk unusen letipei,
Kilisou ren Om tongeei, o amanawaei.

393.
Ka chok mwalechelo lon manawen tipis
Nge kosap etiwa Jesus ewe Kapasen Kot

Chorus:
Mi echipwor o pwal manaman
Kapasen Kot fokkun pwung o enlet
A tongeni alisuk lon om riafou
Lon om sosot meinisin

Ua kuna pochokul ren Kapasen Kot
Iseis lon manawei usap tipis ngeni ai Kot

394.
Lupwen Kot A nenengeni fonufan a uren tipis
A fokun letipengaw ren limengawen won ei fonufan

Chorus:
Pwe a mochen pwe kich meinisin sisap poutmwalilo
Pwe sipwe tongeni kuna manaw esemwuch
Feioch chon rongorong o etiwa Jesus
Pun iir repwe wiliti noun Kot

Sa resin kuta ia ewe al sipwe kuna ngas me ie
A tinato Jesus pwe Epwe malo faniten ach tipis

395.
Lupwen sia likitalo pwal ew ier a fen wes
Lupwen sia ekieki usun ier mi na fo
Mi auchea pwe kich sipwe chechemeni Jesus
Pun i echok mi tongeni tumunu manawach.
O amusalo tipisich, o wato ach feioch
Mi auchea pwe kich sipwe chechemeni Jesus.

Iteiten ier lon manawach ew liffang seni Kot
Pwe sipwe tongeni aier o etiwa Jesus
Ika kich sipwe luku ren unusen letipach
Pwe Jesus Kraist A fen malo o pwal manaw sefal
Sipwe ngas seni tipisich o kuna up-sefal
Ika kich sipwe luku ren unusen letipach.

Mi tufich lon 20____ pwe Jesus Epwe war
Are lon pwal ew ier mi fo Epwe liwin sefal
Pwe kich sipwe chok nonom lon
Mwuun Kot feilfeilo chok
Ikewe ia engorou ier repwe usun chok ew ran
Kich sisap chuen osupwang ew calendar mi fo
Ikewe ia engorou ier repwe usun chok ew ran.

396.
(Acheniei) kana meinisin
(Ousap tup) ren pwapwan ei fonufan
A chok panuk, senuk ena kinamwe pwapwa
Pwe a mochen kopwe riafou lon manawom
Pwe a mochen epwe angei senuk manaw esemwuch.

(Kopwe) chemeni ewe Lam
(Unusen) malo faniten
Om tipis esap ekieki, an asaw pwe ren fanitom
Kopwe pichilo o ngaselo
Pwe ren fanitom kopwe limelimoch fan mesen Kot.

397.
Ra kapas pwe Jesus mi tong, A malo rei won Calvary
Ngang mi kuf ren tipis chapur, nge A malo fanitei. ://

Chorus:
Ita esap wor imwei lon lang
Pun ngang mi up lon ai tipis
Ita esap wor imwei lon lang
Nge Jesus A fori imwei lon lenian. ://

Ren ach tipis a malo, ren chon fonufan meinisin
Io kich pwe epwe tongei, lon aukukun An we tong. ://

398.
Pwi o chiechiei koulo o nengeni mwo
Uruwon manawom ikenai
O ekieki met ka fen fofori
Met kopwe pwal fori

Chorus:
Eli mei eoch kopwe koulo mwo
Nengeni, auseling ngeni met Jesus
Epwe apasa ngonuk
/: Ngang ewe AI, enlet, manaw
Esor epwe tori Semei are i esap aani ei
Ka tongeni ren om luku ei :/

Ikenai ran mi eoch, ikenai ranin kuna manaw
Lesor ranin lichipwung
Manaw a tori asamen imwom ikenai
Suki ngeni o etiwa

399.
Met om osukosuk (wato ngeni Kraist)
Wato ngeni Kraist
Pun I chok Epwe alisuk

Chorus:
Kraist chok I Ewe A tufich
Epwe alisuk seni om osukosuk
Epwe fang ngonuk kinamwe

Sokopaten osukosuk (sia-chok nonom lon)
Sia chok nonom lon
Pun sisap aani Kraist

400.
Ua fefetal lon ai pochokul
Mefien letipei pwe mettoch meinisin
Ua pusin nemeni won inisi
Nge use silei pwe manawei we
Mi nom fan emwenien emon
Ai tufich o ai tufich ese nom rei

Ua chemeni fetalin inisi
Pwe an leo we pwul moromor
Iei popun use ngas ren ai tipis
Nge ua tungor reom ai Chon Sele
Alisi ei tumunu ei
Use ngas o use ngas, alisi ei

Tutunalo ngang me lon ai ekiek
Ita titipei upwe aweiresi
Inisi ren angangen lon fonufan
Nge use silei pwe lon ew fansoun
Upwe uta fan mesen ai Kot
Lolilen osukosuk epwe nom rei

401.
Seseres ngang lon ei mataw, matawen alolilen
Pun ngang akaleamon chok
Use pwak ren no me eut, asepwal, ut lapelap
Maing Jesus, Kosap likitieilo

Chorus:
Maing Jesus ai Samol, Kosap likitieilo
Lon ei mataw lapalap
Matawen ese pwipwi, matawen ese nounou
Pun enlet matawen aleamon chok

Use tufich ren pusin ngang me lukum
Jesus Christ, Kosap likitieilo
Pun ngang use fokun pwak ren gravity'in ei fonufan
Maing Jesus, Kosap likitieilo

402.
Iei mwo ke raratuk lon ei manaw,
Nounou lios ewe mwan pisekisek,
A amona pisek ese mon ngunun,
Malo a tori enlet a osupwang.

Chorus:
Kote onen ninningonongon ngeni ningen fonufan,
Kulu sefan iei chok fansoun mi wor reom manaw.

Apwetetei letipom kote appon,
Tipe forean letipen Farao,
U ngeni Kot pun a chei an pochokul,
Malo a tori enlet a osupwang.

Ese wor ew leni mi mwon seni Kot,
Asatan, failon, pekilon A nonnom,
Site appon Sona a tur lemataw,
Sise tongeni sulo op seni Kot.

403.

Fonufan mi uren pwapwa
Nge mi chok, mi chok mochomoch
Nge pwapwan, pwapwan Paradis
Esap mwuch o esap ukutiw

Chorus:
Meta lamotan upwe iteni
Pwe ngang emon noun Kot
Nge iei use apwonueta
An riafou fanitei

Sisap pwal sisap patä ren
Lingochun lingen fonufan
Pun site mwelele
Lon ewe lenien maketo

404.

Ai Samol Jesus A auchea seni silver
Ai Samol Jesus A momong seni gold
Ai Samol Jesus A lingoch seni diamond
O esor och mettoch a lolo ngonuk

Chorus:
En chok, En chok sia silei pwe En Samol
Samolun Samol kana meinisin
Samolun pochokul, Samolun manaw esemwuch
Samolun kinamwe tori feilfeilo chok

Ai Chon Amanaw me ai King Jesus Kraist
Kilisou chapur ren Om aiti ngeniei
Pun En Ka apungu kich won mettoch meinisin
Iei popun ngang upwe mwareituk

405.
Ketsemeni ew lenien sosot mi pochokul
Pwal ikewe Kraist A kuna sosot me ie
Fan molonun chaa Kraist A likitiw lon iotek

Chorus:
(Boys) Ait ngeniei Maing usun iotek
    (Girls) Ait ngeniei o Maing usun iotek
(Boys) Ait ngeniei Maing irapenges
    (Girls) Ait ngeniei usun marei irapenges
(All) Angasa ei Maing lupwen sosot mi ngaw
Tori ew ran upwe kokolu Hosanna a wesilo

En Calvary ew lenien riafou me kechiw
Pwal ikewe ewe asoren Kot a fis
Me won irapenges Kraist A likitiw o malo

406.
Chorus:
Kosap mwut ngeni we fou kukumos
Epwe mwu lesopolon
Weir'to reom, aramas meinisin
Pwe om family epwe unus

Inom, semom, pwiim meinisin, fefinom pwal mongeom
Aterenges, chon om einang, atongeiom meinisin

At me nengin, fopwul, aluwol, semerit me sarafo
Emweni ir ngeni Jesus, pwe repwe pwal nonom reom

Papa chinlap pwal mama chi, me mararum meinisin
Tetelin pwiim, meinisin, walong lon ewe familien Kot

407.
Tongei mi kisikis chok o pwan tongei mi lap
Tonge mi nonnom chok o nonnom chok oruch
Iei ewe tong e murino seni tong meinisin,
Ewe tong Jesus A aani won An we irapenges.

Chorus:
Chechemeni pwe a iei ach fansoun,
Nukusokuru ewe pwapwan fonuwenfan
Nge kick-back ini ena mochen mi pacheruk
Pun esap ina leniom seni om uputiw.

Kineto pwan pachapachoto chok iei,
Pun ei fansoun a chok fich ikanai
Nesor ponnon esap tufich ren kich
Pun mi fen affat pwe ikenai chok ach fansoun.

Sipwe mollota ngeni ewe ranin sopwolon
Sisap niamam, sap chei mochenin tipach
Riaffou puppuchor o akkarungi chok
Sap tuttunen emon ngeni kich pwe pusin en o ngang.

408.
Asalapen sounemenem,
Asalapen samol me king kana
Asalapen an aramas silei
Ka manaw mwen fonufan a fis--
Asalapen mwuu kana
Asalapen sokun minen amwarar
Asalapen woun ei fonufan
Ese wor met a wewe ngonuk

/:Irapenges, o peiaselo
Malo i-na popun om feito
Ka kunaei lon ai poutmwalilo
Ka tonge-ei asalapen meinisin:/

409. (Count Your Blessings)

Lupwen sosotun om soulang mi chomong
Ka mochen achanu o pwal fangeta
Chechemeni kote menlukalo Kot
An tongotam o songomang ngeni kich.

Chorus:
Fan fitu Kot A afeiochuk?
En mi aleani iteiten ran?
Ka silei iteitan meinisin?
Iei usun kopwe silei An Kot tong.

Ka chouchou ren chomong angang mi weires
Ka mefi om irapenges a kan chou
An Kot tong epwe asulo om weires
Iei usun kopwe pwapwa ran me ran.

Ka nengeni chon feioch won fonufan
Chemeni Kot A pwon feioch mi watte
Seni feioch silver me gold ra kamo
Feiochun Ion Jesus feioch ese mwuch.

Sosot mi kukun, o sosot mi watte
Jesus A fokkun tongeni alisi
Aleani om feioch, chon lang repwe rong
Repwe tutumunuk tori sopolon.

410.

Ai Chon Nemenem o ai Chon Mas Allim
Pwal En Chon Emweni Manaw
Jesus ai Samol, Ka enletin silei
Ai kei chommong apwangapwang
/: Lon manawei ikenai ren manawen ai soulang
Mi chok apwangapwang o patapatelo
Ren emweni-ngawen ai ekiek :/

Chorus:
Sisap fangeta ngeni mwu-ngawen ei fonufan
Epwe nemenalo manawach
Pun fonufan lenien sosotun manawach
Ren manawen ach soulang
/: Ipwelong lon ipwen ach Samol Jesus
Pwe sipwele tapwelo murin
Ipwe-ipw ipwe-nuk, Ipwe-ipwen nukuchar
Pun sipwe kuna manaw :/

O met o met ka for ngeni ena nusun manawom
Alamota om fansoun lon ranin Jesus Kraist
/: Sipwe mut ngeni pwe Epwe nemenem
Lon unusen manawach
Pun epwe lamot ena nusun fansoun
Etiwa Jesus lon manawach :/

411. (Love Lifted Me)

Ita upwe kokkotiw lon ai kewe tipis
Usap tongeni kuna ai upwe ngaselo
Nge ewe Chon Amanaw A rong ai siongaw
Iwe I A feito o chimanu ei.

Chorus:
A ekiei (eta), A ekiei (eta)
Lupwen ua kokkotiw, A ekiei (eta)
A ekiei (eta), A ekiei (eta)
Lupwen ua kokkotiw, A ekiei (eta)

U-a fang ngeni Jesus unusen letipei
Upwe manaw fanitan o kolun mwareiti
An tong esap mwuchulo I mi alukuluk,
Iei popun upwe kol O fel ngeni.

Ami chon mwalechelo oupwe kokkori Kraist
Epwe chimanukemi seni ekkewe no
I ewe Chon Amanaw A fetal won mataw
Oupwe luku o manaw turufi poun.

412.

Ai Jesus Ua tongek, pun ngang emon Noum;
Upwe fangelo meinisin fanitom;
En ai Chon Amanaw o ai Samol,
Upwe pwarata ai tong enlet ngonuk

Lon fansoun riaffou o fansoun pwapwa,
Lon leni mi kinamwe are feingau;
Ika ngang chok alemon are lein aramas,
Upwe pwarata ai tong enlet ngonuk

Seni ai sarafo, tori ai chinnap,
Ua mochen mwareituk o angang ngonuk;
Lon manau mi pochokul are apwangapwang;
Upwe pwarata ai tong enlet ngonuk.

Lupwen ua fetan lon lemonun malo,
Usap niuokus pun Kopwe nonom rei;
O lupwen upwe pwata lon Paradis lon lang;
Upwe pwarata ai tong enlet ngonuk

413. (How Firm A Foundation)

Ami chon luku kana oupwe nengeni
Longolongun ach luku mi pwa lon Paipel
Esap fokkun wor pwal och Epwe ura
Lukun chok met A fen atoura ngeni kich.

Ousap niweiti och, ousap pwal lichipung
Pun Ngang ami we Kot, Upwe nonnom remi
O Ngang Upwe apochokula kemi
O amwochukemi, ren Pei mi pochokul.

Lupwen oupwe tolong lon kolik alollol
Ousap molumelo are kokkotiw lon
Ousap feiengaw are kar ren ekkei
Upwe chimanukemi seni riafou.

Lupwen Nei repwe chinlap o apwangapwang
Upwe tumwunur lon Ai tong mi lapalap
Lupwen malo epwe amouru meser
Upwe amwochur o emwenireto leimw.

Emon mi luku Jesus epwe kinamwe
Esap turulong lon poun noun we chon opwut
Emon mi luku esap tolong lon hell
Esap poutulo pun, epwe kuna manaw.

414.
O letipei mi lolilen, pwata a-iei watten om osochow
Walo ren Jesus, om riafou, Jesus a, a echenuk.

Jesus A, a echenuk, om aurek mi chok lamotongaw
Walo ren Jesus, om riafou, o luku enletin an we tong.

Chorus:
Upwe mwareiti iten Samol
Mwareiti ai Chon Tumwun mi lap
Mwareiti Popun ai Manaw
Rani meinisin mi nom lon poun.

415.
Feilo won ekkewe chuuk, fetal lon-kewe malamal
Le ran are lepwin, ran-eoch pwal ran-ingaw
Kuta chon mwalechelo
Ekieta iir mi mwök, emweni chon mesechun
O likitalo tiwe-me-tiwemon o kuta ewe emon

Ropenato kewe mi mwalechlo, kosap lu-seni emon
Aturatiw noum we cheew, liapeni meinisin

416. ("Where Could I Go?")

Lon ai manaw me won ei fonufan
Mi uren tipis, osupwang
Lon fansoun ai, mochen sofo-sefal
Upwe lo ia? Ren Kraist echok.

Chorus:
Upwe lo ia, O ia upwe lo ia
Pwe nguni epwe kuna ngas
Pwe upwe aani manaw esemuch
Upwe lo ia? Ren Kraist echok.

Eochun manawei, ren chienei chomong
Auwa fokun kinamwe fengen
Nge lon fansoun, riafou me malo
Upwe lo ia? Ren Kraist echok.

417.
Kich meinisin sipwe mwareiti Kot
Ren An umoumoch lon Jesus Kraist
/: A fangoto fanitach pwe are sipwe luku
Sipwe aani ewe manaw ese mwuch :/

Ifa usun letipom lon ei fansoun
Ifa usun om luku lon Jesus Kraist
/: Mi eoch kopwe angei Jesus lon manawom
Epwe Samol o pwal om Chon Amanaw :/

418. ("Out of His Great Love")

Chorus:
Lon An tong mi lap a ekieita,
Auta-ei won ew Achaw
Lon An tong mi lap a aiti ei usun
Liffangen manaw esemuch.

Ua tókolo seni al mi pwung, lupwen ai-ua kori itan
A chimanu-ei o iei ua kol, o mwareiti An tong mi lap.

Upwe fel ngeni feilfeilo chok
Ren An umoumoch me An chen
Ese wor emon a-wewe ngeni, upwe kol fiti ai chengel.

419.
Jesus ach Chon Amanaw A fangolo inisin

Pwe A mochen pwe en o ngang

Sipwe kuna ewe manaw 'semwuch

Sipwe kuna ewe manaw 'semwuch

Chorus:
Tongen Kot mi fokkun lapalap ngeni aramas meinisin

A fang fochofoch Noun we Aleamon

Esap fokkun lifilifil io, io, io aramas epwe manaw ren

Jesus A mochen pwe kich sipwe pworacho ngeni

Sosotuch me won ei fonufan

Sisap sawasini riafoun Kraist

Pwe ach soulang ew wis mi lapalap

420.
Ekieki usun ekkewe chon orum,
Pwari An Kot tong ngeni iir
Kuta chon mwalechlo, chimanu chon paslo,
Pwari An Kot tong ngeni iir
O mwuun lang epwe chok urolo
Ren kewe ra mochen tolong lon
Lupwen, ra kuna, tongen Kot, lon kich

Chemeni umoumoch, kapas kirokiroch,
Pwari An Kot tong ngeni iir
Apiru songomang o aani tongotam,
Pwari An Kot tong ngeni iir
O mwuun lang epwe chok urolo
Ren kewe ra mochen tolong lon
Lupwen, ra kuna, tongen Kot, lon kich

Kapas usun Jesus ngeni pwiin aramas,
Pwari An Kot tong ngeni iir
Pwarata om luku nge kosap achanu,
Pwari An Kot tong ngeni iir
O mwuun lang epwe chok urolo
Ren kewe ra mochen tolong lon
Lupwen, ra kuna, tongen Kot, lon kich

Ekieki usun ekkewe chon orum,
Pwari An Kot tong ngeni iir
Kuta chon mwalechlo, chimanu chon paslo,
Pwari An Kot tong ngeni iir
O mwuun lang epwe chok urolo
Ren kewe ra mochen tolong lon
Lupwen, ra kuna, tongen Kot, lon kich

Pwari An Kot tong ngeni iir
Pwari An Kot tong ngeni iir

421.

En me ngang sia fil meren Kot
Lupwen fonufan esamwo fis nge A fen silei o A filuk
A pwal apasa, En nei kopwe feilo won fonufan
O aronga Ai Kapas

Chorus:
Kopwe feilo lemolun, o feita won chuuk
Kopwe ait ngeniir, ait ngeniir met ka fen silei
Ait ngeniir met ka fen kaeo seniei
Nge kosap niuokus, kosap niuokus
Ngang mi nonom reom fansoun meinisin
Kosap niuokus, kosap niuokus, ngang mi nonom reom

En me ngang sia ngas ren Jesus Kraist
Lupwen sa chuen mwalech lon tipis
Nge A fen kuta kich o angasa kich
A pwal apasa, En nei kopwe feilo won fonufan
O aronga Ai Kapas

422.
Kole nom, ngang ua lo seni ei fonufan
Kosap kechiw, kosap niuokus lon om nonom
Pun ew fansoun sipwe chu fengen ren Jesus Kraist
Achocho, kamwochunuk won Jesus

Chorus:
Pwapwa ngang lon ei fansoun weires
Pwapwa ngang lon ei fansoun riafou
Kosap niuokusiti-mwo och mettoch won fonufan
Pwe Jesus A witiwit lesopolon

Akoikoi en monun ran usap rongorong
A töta en malen ran usap kuna
Pun malo a atowuei seni ei fonufan
Achocho, kamwochunuk won Jesus

423.
Jesus en Nasaret, Ka malo faniten ai tipis
Ka manaw seni malo, ngeni manaw esemuch
Ka kapas lon letipei, "Kole likitalo
Om tipis me om kuf, om niuokus."

Chorus:
Upwe mwareituk Jesus ren om (Kot) Ngunmifel
Mwareituk ren om lenien (nemenem) Samol
Upwe mwareituk ren om nemenem
Ka fang ngeniei manaman me ling fanitom Siowa

Iei chok om fansoun angei an tong ngonuk
Makkei lon chaan ewe Lam a pwupwulo fanitach
Jesus Kraist a witiwit fan pwapwa mi chapur
Feito ren Jesus Kraist pun A tonge-ek

424.

Aramas meinisin ra osupwangen och mettoch
Ese pwal lifilifil met sokkun aramas iir
Ekis meinisin iteiten aramas ra osupwang
Ei Liffang ese kamo, a chok feito seni Kot
Aramas meinisin ra osupwangen Jesus Kraist

Aramas meinisin ra feiengaw ren och mettoch
Ese pwal lifilifil met sokkun aramas iir
Ekis meinisin iteiten aramas ra feiengaw
Ren ar kewe tipis o pwal ar foforingaw
Aramas meinisin ra osupwangen Jesus Kraist

Aramas meinisin ra lölö chok fan mesen Kot
Ese pwal lifilifil met sokkun aramas iir
Ekis meinisin iteiten aramas ra lölö chok
Ese wor e sokofesen seni chon orun
Aramas meinisin ra osupwangen Jesus Kraist

Aramas meinisin ra osupwangen upsefal
Ese pwal lifilifil met sokkun aramas iir
Ekis meinisin iteiten aramas ra osupwang
Repwe upsefal pwe repwe etiwa manaw
Aramas meinisin ra osupwangen Jesus Kraist

425. ("Through It All")

Chommong riafou ua nom lon
Ua pwal aureki manawei
Fan chommong usap silei mi pwung me mwal
Pun lon mettoch meinisin Kot A pwal akachipa ei
Pwe riafou a efisi ai pochokul

Chorus:
Lon mettoch meinisin
Alukuluk lon Jesus, Alukuluk lon Kot
Lon mettoch meinisin
Alukuluk echok lon An Kapas

Ua fen nom lon chommong leni
Ua kuna chommong aramas
Ua mefi ai aleamon chok
Nge lon fansoun ai aleamon Jesus A aiti ngeni ei
Pwe ngang wesewesen chochon Noun Kot

Ua kilisou ren chuuk kana
Pwal kilisou ren sósón-öch
Kilisou ren melumel mi tori ei
Pun ua silei pwe esor mettoch Kot Esap tongeni
Are sia luku Kot lon osupwang

426.

1)
En me ngang sipwe pwipwi fengen
En me ngang sipwe angang fengen
Lon ena fansoun lupwen sipwe nom
Lon lang ren Jesus
Sipwe chiechi-fengen echok, lon let o kinamwe
Pwata esap ikenai?

2)
En me ngang a wor ew chok luku
En me ngang a wor ew chok Samol
Jesus Kraist A malo won An irapenges
Pwe sipwe tolong lon we mwuun Kot
O choni fam'lien Kot

3)
En me ngang sipwe fetal fengen
Lon we Al, Jesus Kraist ach Samol
Ika ngang emon chon Kraist, pwal usum echok
Mi eoch ika sipwe popueta, le-pwari ach luku

(Liwiniti wokisin 1)
En me ngang sipwe pwipwifengen
Lon let o kinamwe – pwata esap ikenai

427.
Me lom usamwo weweiti An Kot mochen fanitei
Ua chok kaeo iotek, o tutungor feiochui
Nge Kot A fang ngeniei Noun Aleamon A nom rei
Kot A fang Epwe pwal angei sefali

Ika ai Kot A filata upwe fangeta meinisin
Pwe upwe fen emon noun ai Kot
Sap ai silver, sap ai kolt repwe ekemweni ei
Pwe upwe lus nge ai Kot Epwe chok win

Lukum ai Kot manawei a usun efoch ship lon ei mataw
'Sor emon a emweni lon melumel
Nge ua tapwelo mwirum, pwe Ka ngeniei ai feioch
Kot A fori meinisin, A mwirinno

428.
Kot A forata lang me fonufan
Masower meinisin, lang me fonufan
Mataw me ira , I A forata
Pwal poun kewe ra forata pwul mi pwas

Chorus:
Ou feito sipwe kol ngeni ewe Samol
Sipwe pupuchor ren pwapwa
Ngeni Achawen ach Amanaw

Ekkewe leni alolol leset
Ekkewe leni mi tekia won chuk
Won fanapi are won fonuen chuk
Ra nom lon poun Jesus, ach Chon Amanaw

Oupwe feito, sipwe fel o chapetiw
Sipwe fotopwuku mwen ach Samol
Pun I ach Kot o kich noun aramas
I ach Chon Masen Siip o sia nom lon poun

429. ("In My Heart There Rings a Melody")

A wor ai kol, Jesus a ngeniei,
Kolun pwapwa, kinamwe
Ua chok kol le ran me le pwin,
Ren ai mefi An Kot tong.

Chorus:
Jesus Kraist A malo fanitei,
A pwal manawsefal pwe upwe tolong lang
Iei popun ai mwokutukut,
Ai kolun pwapwa, kinamwe.

Lon ewe ranin ai upsefal,
Ai etiwa Jesus Kraist
Ua mefi An Kot tong ngeniei,
Lupwen ai nom lon tipis.

Iei ua chok mochen kokol,
Faniten An Jesus tong
Ua mochen angang, mwokutukut,
Pwe pwal chomong repwe rong.

Are ka chuen nom lon tipis,
Nge kosamo silei Kraist
Kopwe chok rong pwe a wor tufich,
Ngeni ew manaw sofo.

430.
Kopwe nom rei, a mwitir rochopwak
A fokkun kiroch, Samol, nonnom rei,
Lupwen esap wor ai chon alilis,
Kraist we Chon Alisi, Kopwe nom rei.

Ekkewe ran ra fokkun mwuchukai,
Lingen fonufan epwe mwitir mwuch.
Ei Fonufan epwe ekkesiwil.
Kraist En Kosap siwil, Kopwe nom rei.

Ka nonnom rei fansoun me-ini-sin
Lon Om umoumoch, Ka tumwunuei,
Ka emweniei o amwochuei,
Lon ranin manawei, Kopwe nom rei.

Esor emon epwe u ngeniei,
Esor riafou, mi effitiei
Ewe peias, esap okkufuei,
Upwe pworacho are Ka nom rei.

Maing aitiei om we irapenges
Om Saram Samol, a tin seni lang.
Fonuenfan, a mwitir mworolo
Lon manaw o malo, Kopwe nom rei.

431.
Jesus En ai Chon Amanaw pwal En
Ai lenien su ngeni me won ei fonuenfan
Lupwen riafou weires a toriei
En chok ai epilukuluk, En chok ai lenien ngasolo
Jesus Kopwe ling lon manawei
Om tong epwe pwapwalo lon ai fofor

Chorus:
Emweniei Maing, upwe etuk ekis meinisin
En Ka mwut ngeniei, ngeniei om tipachem
Ait ngeni ei usun met letipom
Maing, ngang emon noum chon angang
Ka tongeni siwini met mi mwan ngeni pwung
Alisiei Maing ai Samol, alisiei lon fansoun meinisin

Fonufan a uren rochopwak ren tipisin lon ei fonuenfan
Satan a pani letipach pun esap mochen
Ach sipwe kuna ngasolo
Ach kilisou ngeni Jesus Kraist
Saramen An tong a pwa won Calvary
Kilisou Maing, ai Samol
Kilisou ren Om kapas lon manawei

432.

Kot Sam A pwari An umoumoch
Lon Noun Aleamon Jesus Kraist
Poluku lingan, tipetekison, alleasochis tori malo
Malo won irapenges, iei tongen Kot
Ese wor eukukun kich sa pepetulo lon

Chorus:
Amwarar Om ei tong, oh Kot
Ua nonom lon ai fotek o malo lon tipis
Pwe Jesus A moniei ren chaan
Pwe upwe ngas o manaw feilfeilo chok

Sipwe nengeni ei tong mi fat, An Kot Sam fan itach
A likiti o sap seni Noun Aleamon won irapenges
Pwe A uwei tipisin chon fonufan meinisin
Iei tongenKot ese wor eukukun
Kich sia pepetulo lon

433.

A wor emon mwan a mak lon Paipel
A mwal an ekiek
Pun esap mefi pwe forien Kot
An tufich meinisin

Chorus:
Epwe meta sopolon Kot A pwisin apasa
Io epwe pisekini ekana pisek mi chommong
Ika malo a koruk ikenai, solap-mwal om fansoun

Mi eoch kopwe rong ei sokkun manaw
Pun kote rukolo
Ren pisek, money, pwal fonu chommong
Ka wou ren ikenai

434.
Maing Jesus Kot Ai Chon Sele
Ai Chon Tumun, Soumas Allim
Selani ei, tumunuwei, mammasa-ei lon manawei
Pwe ute tup ren sotunien Satan fonufan
O fitukei me fiti nguni o tupu ngeni

Chorus:
Upwe (upwe tingor), tingor (upwe tingor) ngonuk
Ai Maing Jesus, tumunu-ei upwe nonom
Lon poum (poum mi och), upwe (upwe angang)
Angang (upwe angang) ngonuk won fonufan
Murin malo upwe sachche-ngonuk lon lang

Maing Jesus ua sokuru ren nonnon ai tipis ngonuk
Lon ai angang, non ai kapas ekiek mochen meinisin
Ikkei ekkei alen tipis ngang mi chok fotek ren
Maing Jesus tonge'i Kopwe omusolo ai tipis

435.
Lon fonuwen Ketsemeni, a fis an Jesus
Poluku manawan faniten chon tipis (chon tipis kana).
Jesus A pusin asor inisin, won ewe
Faw mi ngetenget, rongen asor.

Chorus:
(Iei usun) mochenin Kot, (pwe Jesus) pwe Jesus epwe
(asor I) asor inisin (fan iten) tipis meinisin
Jesus A fakkun achocho iotek,
Mononan a winiti cha, a suputiw nepwun.

Nge ifa usun kich soulengin ikenai,
Ifa ach kilisou ngeni Jesus (Jesus Ach King)?
Sipwe asor ngunuch, tufichich me ekiekich,
Pochokulach pwe iei met Kot A mochen.

436.
Jesus En ai Chon Mas Allim ekis meinisin
/: Lon riafou o osupwang
Ka peni kich o angasakich lon ach riafou. :/

Chorus:
Fori lon manauach site tipeselo
Site pwisin tup lon ach ekiek a lichipwung inisich. ://

Kote chei mochenin tipom apichi senuk ewe manau
/: A mochen asepa senuk ewe leni mi kinamwe
Mwitir su ngeni ewe Manau. :/

Ngang mi weires o riafou
Lupwen ngang mi nonom lon tipis
/: Use tufich upwe fiti ewe Chon Amanau
Lupwen A feito kutaei. :/

437.
Family, o family,
Esina-eochu ekkei liffang seni lang
Ete ää ngaw, sa osupwang
Anean, epwe liwin sefal

Chorus:
Likitu me pworacho
Fich le tapwelo mwirin Jesus
Uwan lukuluk, ren ach achifowa
A pung o mamarita lon family, eterenges

O Semei, ka silei usun nonomwi
Me lom lom pwal tori ikenai
Alisiei pwe upwe pwal mefi
Weiresin wisei kei me letipom

438.
Ngang emon noun mwalechelo
Seni semei feilo towaw
Use mochen rong an kapas
Lelukei mi esap pwapwa ren.

Chorus:
Kose mochen amusalo ai tipis
Ai angang mi pung ese pon ew inis
Pun malo a irapenges lesopun mesei.

Iwe, ka rong kole eto rongorong
Me ap noun lise rongorong
Usun ese wor semom, ese wor inom
Ina popun om kose rongorong.

Nge pwata upwap keran silei usun
Manawei seni chok lom apungu, sor ai ekiek
Pun malo mi arap ngeni ei.

439.
Jesus I Lamen Kot A sip le alilis
Lon fansoun ach riafou meinisin

Chorus: Jesus, lenien chip lon riafou
                Esor emon a tonge'ei usun Om tong

Jesus I ach manaw pwal I ewe al, enlet
Pun I Kot A malo o pwal manaw sefal

440.
Sipwe mwareiti Jesus, sipwe ingeiti Kraist
Sipwe kokolu Itan o asamolu I

Chorus:
Sipwe asamolu Jesus o eki An fos
Epwe samolun lelukach, kingen manawach

Sipwe mwareiti Itan, a foula fonufan
A men iteula efeng, ötiw, lotow me ör

Sipwe mwareiti tongan, a fokkun lapalap
A lolol seni mataw, o tekia mwen lang

Sipwe mwareiti chenin, sa fokkun feioch ren
Iei ach woumurinno, chenich meren ach Kot

441. (tufich ngeni "Upwe Arap Ngeni Jesus")

Sipwe kolu tongen Jesus, ach Samol mi Lapalap
Pun A fokkun luk-pwetete, songomang o tongotam

Chorus:
Sipwe kolu tongen Jesus o mwareiti luköchun
Pun A fokkun kirokiroch ngeni kich chon fonufan

A pin nom lon lang in saram, lenian a fokkun eoch
Nge A likitalo lingan ren An tongei fonufan

Lom sa fokkun anumamau, liw'ningaw a souni kich
Nge A malo ren ach tipis, A amoila songen Kot

A acheni kich chon tipis o amusa tipisich
Meta sipwe liw'ni ngeni are eani kilisou?

442.
Lupwen ai mot o ai uta, ai fefetal o ai angang
Iteiten ran in ai manaw, upwe elingalo ai Kot

Chorus:
Upwe elingalo ai Kot, iteiten ran in ai manaw
Mwareiti o Gloria

Ren ai pochokul o samaw, pwal ai metek o riafou
Lon ai pwapwa o kinamwe o pwal lon ran in ai malo

Fansoun le ran o pwal le pwin,
Fansoun raneoch o raningaw
Lon manawach meinisin upwe kuta lingen ai Kot

443. (tufich ngeni "En Maing Jesus, En Echok")

A lo ran, a pwinilo, ua mochen kon o maur
Iwe upwe kori Kot, pwe Epwe mamasaei
Epwe tila fonuei, imwei o pwal lelukei

Are leiin ai fofor, och a putak ikenai
Upwe tungor ngeni Kot, Epwe talu lelukei
O amusa tipisi lon An tong me umoumoch

Aramasei meinisin upwe iselong le poun
Epwe ateneki iir, pwe resap poutmwalilo
Repwe arap ngeni Kot, etiwa manaw 'semuch

Upwe walo fan mesan iir mi kechiw leluker
Iir mi samaw are chun, iir mi arap ngeni ma
Epwe nonom ngeni iir lon An tong mi lapalap

444.
Lupwen ai nonom won ei fonufan mi wor
Ai tutunalo lon manawei
Usap chechemeni pwe mi wor ew kapwung
Lesopolon fonufan

Chorus:
Titipei pwe ai nonom won ei fonufan pwe leniei
Ew fansoun upwe tou
Liwinsefal ngeni pwul moromor

Sipwe chechemeni pwe mi wor emon mwan
A pisekisek me fonufan, nge sopolon an we tufich
Me fonufan, a tori osukosuk

Awora ekiekum pwe iei chok fansoun
Mi chuen suk ngonuk ei asam
Sipwe chechemeni pwe mi wor Emon chon
Nemeni kii-en asam

445.
Lamen Kot, Kosap tipis, Ka malo won irapenges
Ka kuna riafou chapur, turunufas o itengaw
Am tipis a iseis wom, pwe epwe much am fei'ngaw
Alisi kem, En Maing Jesus

Lamen Kot, Kosap tipis, Ka malo won irapenges
Ka kuna riafou chapur, turunufas o itengaw
Am tipis a iseis wom, pwe epwe much m fei'ngaw
Acheni kem, En Maing Jesus

Lamen Kot, Kosap tipis, Ka malo won irapenges
Ka kuna riafou chapur, turunufas o itengaw
Am tipis a iseis wom, pwe epwe much m fei'ngaw
Asoso kem, En Maing Jesus

446.
Ai Samol Jesus, En mi nengeni ei
Ka nengeni inisi o lelukei

Chorus:
Ua tungor reom, Maing Jesus, Kopwe alisiei
Pun ngang usap menlukalo om nengeni ei

Ai Samol Jesus, En mi nengeni ei
Ai mot o ai uta, ai kon o ai maur

Ai Samol Jesus, En mi nengeni ei
Ai mongo, ai angang, o ai asoso

Ai Samol Jesus, En mi nengeni ei
Ai kapas, ai kekei, o pwal ai kokol

Ai Samol Jesus, En mi nengeniei ei
Ai feioch, ai pwapwa, o ai riafou

447. (tufich ngeni "Chon Alisi, Ngunmifel")

Jesus, Chon selani nguni
Upwe fokkun kan ngonuk
Lupwen melumel mi chapur
Lupwen sosot a chommong

Chorus:
Ua feioch ren ai luku
Pun Ka arap ngeni ei
Ua apilukuluk-öch
Upwe kuna sopöch reom

Kose mochen tila wai
Lon ai sai won fonufan
Kopwe murimur ai luku
Tori nguni epwe il

Esap wor rei eman palu
Ua suri En echok
Are Kosap eti ei la
Upwe fokkun tamepich

Ua fokkun achifouok
Pun Ka kuta feiochi
Ua suruk o amwochuk
Ua nur o op fan poum

448. (tufich ngeni "Ngang Ua Aani Jesus Noun Kot")

Pisekin Jesus a amwol rech
Are sa angei, sa feioch ren
Ngang ua pwapwa o kinamwe
Jesus ai Samol A nonom rei

Chorus:
Ngang ua fokun feioch o wou
Pun ua pwini Samolun Lang
Upwe likitiw le nonom ren
Tori ai tolong lon Paradis

Are lelukei a riafou
Ua chok chechemeni An tong
Usap lolilen o niuokus
Jesus ai Samol A nonom rei

Ngang ua silei ai wouingaw
Ua pwal silei An manaman
Ua kinamwe o op le poun
Jesus ai Samol A nonom rei

449.
Chon safei lap mi nonom rech,
Ach Chon Amanaw Jesus
A feito o aururu kich, pun I chok popun manaw

Chorus:
Ou rong met chon lang mi kol, ar kol fokkun echipwor
Ngang upwe eti ar kol: Jesus, Jesus, Jesus

Ach tipis a ken musela ren umoumochun Jesus
Won lang sipwe weri feioch o lingen Samol Jesus

Ai tipis En mi malo ren, sor mettoch upwe ngonuk
Lelukei upwe fang ngonuk, o fokkun tongek, Jesus

Ai riafou 'se chuen nom, Jesus A 'wei seniei
Ngang ua weri ai manaw, ai pwapwa meren Jesus

450. (tufich ngeni "Kot A Koruk, Kopwe Ulo")

Ua sulong le poun Jesus, lupwen lelukei a chou
Pun A sounei o koko: "Kose mochen feito rei!"

Chorus:
Ua op-öch le poun Jesus, fan poun Jesus ua nur
A men lua lon lelukei, lupwen Jesus A nom rei

Satan me ekana anu resap arap ngeni ei
Lupwen ua suri Jesus, pun I A pworaiti iir

Kot Esamwo aukatiw ai sosot me riafou
Nge A fili Emon Ailei, A ken wisen peni ei

Lupwen malo epwe feito, Satan epwe aisi ei
Upwe sulong le poun Jesus, Epwe uwei-tä won lang

451.
Are riafou a toruk, kopwe sulong le poun Kraist
Kopwe kori iten Jesus, lupwen om lelukechou

Chorus:
Kopwe chip, Kote chou
Kopwe chip, Kote chou
Ren om luku Jesus Kristus
Epwe lua lelukom

Pun om Samol Jesus Kristus Esap tanech are maur
A chok sotuni om luku, are a alisimang

A mu ut, a chikarsefal; a la pwin, akar a ta
A la kechiw, a war pwapwa; riafou-um epwe much

Ikenai kosamo mefi auche-an om riafou
Nge lon lang epwe pwäpwälo, pwe a fokun lamot reom

Pun esor emon a kuna sopöch lukun riafou
Pun ren riafou mi chapur, sipwe tolong lon mwuun Kot

452.
Upwe aiti ngeni Jesus minne ua ria ren
Pun A mokos le echipa o alisi aramas

Chorus:
Upwe luku pwon en Jesus, pun A arap ngeni ei
Upwe fokkun kori Itan, pun A auselinga ei

Upwe aiti ngeni Jesus minne ua tipis ren
Pun A tufichin amusa tipisin chon fonufan

Upwe aiti ngeni Jesus minne ua mösek ren
Pun A tongeni apworai leluken chon niuokus

Upwe aiti ngeni Jesus minne ua pwapwa ren
Pun A eti ei le pwapwa, Esap silei lolowo

453.
Taniel a nukuchar lon an luku Kot
Esap tipemwaramwar are niuokus

Chorus:
Kopwe fokkun nukuchar lon om luku Kot
Kosap fokkun tukumi om asamolu

Aluwol mi pochokul resap win le maun
Pun ra tukumalo Kot ren ar niuokus

Chon apiru Taniel lon an pwos lon Kot
Resap kuf lon ar mamaun ngeni fonufan

Iwe, sipwe pworacho lon ach maun mi pin
Satan epwe fokkun kuf, soulang repwe win

454.
Jesus, angei manawei, upwe fangelo ngonuk
Lelukei o inisi, tufichi o piseki

Lelukei a sukula, Kopwe pwisin nonom lon
Afisata sokum lon, tipen Kot o ekin lang

Awei esap chofona, apel, ottek, okoun, lal
Epwe iotek, kaeo kol, o echipa aramas

Mesei epwe nengeni osupwang en chienei
Pei repwe alisi ir o apwapwai lelukom

Pechei repwe fetal-kai ngeni iotek, fel, me skul
Ngeni angang meinisin, ua wisen tumunu

En, Maing Jesus, En echok, Kopwe samoluni ei
Kopwe aani meinisin minne Kot A ngeni ei

455.
Soulang repwe tong-fengen lefiler
Resap ekieki en me an echok
Resap en me kuta feiochun echok
Pwe ach Samol Jesus Esap kuta An

Soulang repwe tong-fengen lefiler
Repwe lukpwetete o kirokiroch
Repwe uwalong saram leluken chon chun
O alisir meinisin mi osupwang

Soulang repwe tong-fengen lefiler
Resap ikioni wour me fonufan
Pwe leluker esap wili ngeni fau
Ren ar asamolu wour me pisekir

Soulang repwe tong-fengen lefiler
Pun chon tong echok ra win lesopolon
Repwe u pelifichin Samolun lang
Repwe mwuuni mwuun o tolong lon An ling

456.
Soulang ra wasola won fonufan
Pun iir chon ekis, chon up me lon lang
Semer me Samolur, imwer me wour
Iter me leluker ra nonom lang

Chorus:
Soulang ra wasola, Soulang ra wasola
Soulang ra wasola won fonufan

Soulang ra wasola won fonufan
Repwe mosonoson o menekai
Fesir o kilisou lupwen ar sai
Pun an soufonufan fonufan ei

Soulang ra wasola won fonufan
Pun iir chon wilipos lon Paratis
Won ewe fonufan mi fo o ling
Epwe pwäpwälo ar feioch o wou

457.
Om Chon Amanaw Jesus A koruk ikenai
A mochen amanawok seni om feiengaw

Chorus:
Ka rongorong An koko? Pun are kosap rong
Ka pwisin achukata om feiengaw me hell

A lapalap An tongek, a tam An songomang
Nge are kosap aier, epwele songoken

Sepi en om liw'ningaw a arap ngeni ur
Are kosap kulsefal, epwe ninitiw wom

Chon urumotei Jesus repwe le pupuchor
Akarungi o kechiw lon ekei ese kun

458.
Chon luku Jesus ra feioch, ra nonom le poun Jesus
Le manawer A tumunur, le malo A pwal nom rer

Chorus:
Resap fokkun lichipung, lupwen repwe tori lang
Repwe tolong Paradis ren ar luku Jesus

Ach Samol Jesus Epwe war o fangunata sotup
Ra luku lupwen manawer pwe repwe manaw sefal

Ar feioch epwe lapalap, pun repwe eti Jesus
Lon lingan o lon lenian, lon ewe mwuu esemuch

Esor ar feiengaw o lus lon ewe ranin apung
Pun pokiten ar lukuluk ra eani sok un Jesus

459.
Eu fonu mi saram seni ran
Sipwe weri ren luku Jesus
Jesus amwolata ngeni kich
Pwe A ken tongei kich meinisin

Chorus:
Mi allim sopolan, sipwe mu-fengen ren soulang let
Feilfeila Paratis, nom lon Paratis eti Jesus

Sipwe kol won fonu echipwor
Tungor ngeni ach Samol Jeus
Sise tongeni letipechou
Sipwe pwapwa chok nonom lon lang

Sipwe mwareiti Semach lon lang
Mi fokun enlet o umoumoch
A ateneki kich fonufan
O liffang ngeni kich ach manaw

460.
Kot nom remi tori eu ran
Fokkun monenalo kemi
Amwochu ami noun kana
Kot nom remi tori eu ran

Chorus:
Eu ran, Eu ran
Sipwe chufengen won lang
Eu ran, Eu ran
Kot nom remi tori eu ran

Kot nom remi tori eu ran
Pwolu kemi fan poun kana
Amongou kemi An Kapas
Kot nom remi tori eu ran

Kot nom remi tori eu ran
Epwe fokun tongei kemi
Ti seni mi ngaw meinisin
Kot nom remi tori eu ran

Kot nom remi tori eu ran
Sipwe chufengen mwen Jesus
O mwareiti feilfeilo chok
Kot nom remi tori eu ran

461.
Kopwe feilo eti Jesus, kopwe le lo kinamwe
Noun Kot chon lang repwe etuk
Pwelifeiluk, tumunuk

Chorus:
Kopwe le lo, Kopwe le lo
Lelukem a posituk
Kopwe le lo, Kopwe le lo
Jesus Epwe emwenuk

Kopwe chechemeni Jesus o An fos meinisin
Pwe An feioch o kinamwe epwe fokkun nonom reom

Kote pwal menluki kem lo, kopwe iotek fan item
Pun sosot me sär en Satan a wor ekis meinisin

Kopwe le lo, aipwe nonom; sipwe kapong, sipwe mu
Ewe Emon mi nonom reom, epwe pwal etukelo

462. (tufich ngeni "Upwe Arap Ngeni Jesus")

Iwe, sipwe le feilfesen pun a sopola ach mwich
Nge sipwe chok fetal-fengen won al mi chökisikis

Chorus:
Sipwe kolu tongen Jesus, sipwe asamolu Kot
Sipwe asamolu Jesus, sipwe kolu tongen Kot

Iwe, sipwe anukatiw alon Jesus letipach
Sisap fokun menlukalo An Kapas mi murinno

Sipwe akapiru Jesus o An fofor meinisin
Pwe ach manaw epwe feioch o ach luku epwe fis

463.
Mi wor emon King mi lap lon lang,
Upwe chok akangang ngeni; usap pwal filata mo emon
Pwe Jesus chok I mi ai king.

Chorus:
Jesus Kopwe le alisi ei, pwe upwe emon chon alisuk
Kopwe angei pei o eti-ei-lo lon ranin manawei.

Me lom ua nom lon rochopwak, o tipisin fonuenfan
Nge Jesus A tolu ai tipis ren cha-an mi manaman.

Iwe, upwe luku chok Jesus lon manawei meinisin
U mochen chon alisi enlet o angang lon mwichefel.

464.
Kinamwe ngeni aramas, Kinamwe ngeni meinisin
Jesus Samolun manawach, Jesus I Kingen Kinamwe
A malo won Chuuk Calvary pwe sipwe kuna manaw
A ngeni kich ach apilukoch ://

Kraist A mochen epwe pwä lon manawach
Sipwe pwari an Shalom
A ngeni kich ach apilukoch ://

465.
Fitu fansoun Kot Epwe kokoruk
Me mwen kopwe au selingom
Fitu fansoun Epwe fichifich
Me mwen kopwe suki we asam
Fitu fansoun ka fen rong ei poraus
Pwe Jesus A malo fanitom
Ika ikenai ka rong mwelien Kot
Kosap apochokula letipom

Fitu fansoun ka mefi An Kot tong
Nge ka chuen-nom lon tipisum
Fitu fansoun inom a iotek
Pwe Kot Epwe siwili manawom
Fitu fansoun semom a tungorei Kot
Pwe Epwe atapa letipom
Ika ikenai ka rong mwelien Kot
Kosap apochokula letipom

Fitu ran Kot Epwe songomang
Ika ka sapwelo lon tipis
Fitu pwinin Epwe chuen tumunuk
Me mwen om fansoun malo epwe fis
Fitu fansoun kopwe liamam
Ika ka turulong lon we ekkei
Ika ikenai ka rong mwelien Kot
Kosap apochokula letipom

466. *(It Never Rains)*
Ewe Paipel a apasa pwe kich meinisin
Sia uputiw lon rochopwaken tipis
Esor ach apilukuluk, esor manaman are tufich
Pwe sipwe pwisin siwili manawach

Nge Jesus A poluku mettoch meinisin
Pwe Epwe feitiw o malo fan itach
Lon itan sipwe kuna manaw
Pokiten I chok ach Samol, Feilfeilo, feilfeilo

Lupwen emon chon tipis a etiwa Jesus
Kot A liffang ngeni I ewe manaw mi fo
Mettochun lom ra morolo, an feioch a chomongelo
Lon Kraist, ewer, lon Kraist

Pun Jesus A poluku mettoch meinisin
Pwe Epwe feitiw o malo fan itach
Lon Itan sipwe kuna manaw
Pokiten I chok ach Samol, Feilfeilo, feilfeilo

467.
Semei Kot, ua kechiw ngonuk
Tonge'ei omusalo ai tipis
Pun ngang emon chon lipwakingaw
Le mwarei ai irapenges

Lupwen ua rongorong om kökön kekiin irapenges
Ua mochen eki ai irapenges nge ua pwal liwinsefal

Are ka mochen kuna ngas
Suri irapengesin Jesus ikenai
Kosap kamwochutam ngeni lesor
Pun kote kan serengaw

468.
Mwareiti lingen itom oh Kot, ewe iit mi tekia o pin
Ua unusen ngas o towu seni malo
Ren amwararen om okkot
Kilisou ren ai enletin ngas seni ai fotek lon tipis

Chorus:
Luku An Jesus malo o manaw sefal
Luku pwe ua ngas, sap chon fotek
Pwe chon ngas seni tipis

Soulang, An Jesus malo me manaw sefal
Iei ach ngasalo seni tipis,
Pwal iei ach alen kuna manaw
Iei popun sipwe olukuluk, tipepwos
Lon ach angang faniten Kraist, pun ina feiochuch

469.
Chorus:
Walong poum lon poun ewe Mwan A-lua mataw
Walong poum lon poun ewe Mwan A fetal won sat
Kopwe etiwa I o kopwe kuna manaw esemuch
Walong poum lon poun ewe Mwan seni Galilee

Ua-nenelong lon nei Paipel o ua kuna
Porausen emon Mwan a feitiw seni Lang
I wesewesen Kot nge A wiliti emon aramas
O A fetal feil lon ewe fonu Galilee

I A afalafal usun ewe mwuun Kot
I A-echikarata iir mi samaw
I A fetal won ewe Al ngeni chuuk Calvary
Ua tongei Jesus, ewe Mwan seni Galilee

470.
Chommong soulang ra kuf lon manawer
Pun resap tumunu-fichi sosotun lon manawer
Ra mwittir kuf o tok seni Kot

Chorus: Pwipwi soulang, oupwe tipemirit o mamasa
　　　　Pun devil poluwemii we
　　　　A fefetal usun emon laion
　　　　Mi oruwor nge a kuta-aa, io epwe aromalo

Kot A mochen kich soulang sipwe pochokul
Sisap fokkun tumunungaw ngeni sosotuch kana
Sipwe pworacho pun Kot A nom rech

471.
Nguni kopwe mwareiti Siowa, noutii meinisin

Kopwe mwareiti itan mi fel

Nguni kopwe mwareiti Siowa

Kote menlukalo An kirokiroch ngonuk

Chorus:
Pun tipisum, tipisum meinisin a musalo

Nge apwangapwangom meinisin a molo

Epichi manawom seni peias

A-mweramwera ngonuk kirokiroch me tong

Siowa a luk-pwetete kirokiroch

Songomang me tongotam

Esap kepwung fochofoch, Esap koum feilfeilo

Esap liwini ngeni kich ach fofor mi ngaw

472.
Ai Samol mi Lapalap, Kosap opunguwei lon Om song
Kosap pwal ni-ei lon Om lingeringer
Pun esap wor pochokulen inisi pokiten Om song
Esap pwal wor pochokulen inisi meinisin
Pokiten ai tipis

Chorus:
Ua pwarata ai kewe fofor mi ingaw meinisin
Ua pwal lolilen ren ai tipis

Chokewe mi mochen nieilo
Chokewe mi mochen eriafou-ei
Ra kapas usun ar repwe efeiengawa-ei
Nge ngang ua epilukulukuk, ai Samol mi Lapalap
Ai Samol me ai Kot, Ka poluweni-ei

473. (tufich ngeni "Om Chon Amanaw Jesus")

Eli esor om chengel, pwe lelukom a pö
Ka chouchou o wowungaw o epilukingaw

Chorus:
Nge popun om chipengaw om toau seni Kot
Pun arap ngeni Jesus lelukom epwe chip

Ka kuta om kinamwe o pwapwa lukun Kot
Pwe fonufan me minan samolun lelukom

Sap ngunum emon chonlang? Epwe le möt o chip
Ren mai me nu me pisek, ka amwolata ren?

Chon toau seni Jesus ra fokkun atotong
Pun resap chip leluker tori feilfeilo chok

474. (tufich ngeni "In The Sweet By and By")

E-u fonu a lingeto rei
Ua kunakun ren lelukei
A men eoch seni fonu en Chuuk
A pwal eoch seni fonu en won

Chorus:
Lingen Kot, Lingen Kot
A chöchölo won fonuei lang
Lingen Kot, Lingen Kot
A amwola rei fonu en lang

Ua siamu chok fonufan,
Nge lon lang upwe nonomupwos
Chommong ngerou ier repwe lo
Usap sai seni fonuei lang

Upwe kuna ai Samol lon lang
Epwe pwä lon an limoch o ling
Upwe kilisou ren An totong
Pun I popun ai tolong lon lang

475.
Jesus, Jesus, ngang ua tutungor ngonuk
Cheri-ei, amwochuta pei pwe ua kokotiw

Chiechiei ra likiti ei, chon oputei ra pweli-eilo
Ua chon nenengonuk ai Samol, Kopwe alisi ei

Lon ai pwos me riafou, lon ei angangen Kot
Usap fangeta, upwe noffochei Jesus alisi ei

476.
Jesus A likitalo An ling, I wesewesen Kot
A-pöla usun, A tekisonatiw, eani alleasochis
"Wiliti emon chon angang."

Chorus:
Maing, Kose mochen Kopwe fori ei
Upwe manaweni tipetekison, alleasochis
/: Minne Ka mochen epwe fis :/
"Itom epwe ling ren."

Jesus A likitatiw An fofor pwe sipwe apiru
A pwari usun tong, A poluku tipan, eani alleasochis
"Fori ei upwe chon angang."

477.
Sipwe luku Kot iteiten ran, pun An Kapas a pin
O enlet manaman, a nonom lon
Ach lenien op mi pochokul, apilukuluk alim
Ach lenien op mi pochokul a nonom ren Kot

Kot En mi Samol, manaman pochokul
Lon lang fonufan, liosun Om tufich
Manawach inisich, uwan tufichum
Kot En mi pochokul fansoun meinisin

478.
Jesus Kraist I mi Lepopun, pwal I mi Lesopwolon
Sipwe silei pwe I A nonom rech seni lom o ikenai

Chorus:
Mwen ekkewe chuuk resaamwo fis
Pwal mwen Kesaamwo fori unusen fonufan
En chok Kot, En Alpha, Omega

Iei popun A mochen pwe kich sipwe chon pwarata I
Pwe A mochen Epwe alisi kich, seni ach tipis meinisin

479. (One Day At A Time)
Ngang emon aramas esor ai tufich

Kose mochen, Maing Jesus Kraist, apochokula ei

Pwe upwe tongeni manaw fanitom

Alisiei o emweniei lon ei ran ikenai

Chorus:
Ikenai chok, Maing Jesus, Kose mochen nonom rei

Alisiei pwe upwe silei Om akkot fanitei

Nanew a wes, Maing Jesus, eli nesor esap toriei

Emweniei o alisiei lon ei ran ikenai

Chommong aramas ra u-ngeniei

Chommong mettoch ra fis ngeniei upwe chepetek ren

Nge ua chemeni Om pwon ngeniei

Pwe Kopwe nom rei, Kopwe alisiei lon ei ran ikenai

480.
Kopwe seres nge pwal nenengeni fichi-ochu
Manen ran, amona-eochu ranin om fetal
Pun kote serengaw, ka sereni echinifu me le mataw
Ka os nge sapw an emon ngonuk

Chorus:
Ka sio nge ka serengaw pwe a tóón fonu
Ka koko pwe 'cheri ei pun ua osukosuk' (osukosuk)
Jesus chok A tongeni An Epwe alisi (oh alisi)
Om tufichingaw me lon ei mataw

Ika a ngaw ran mi eoch kopwe mwo liwin'to
Asoso ikei, mi wor ew fonu fonuen ichem
Kopwe chemeni ewe koos mi murinno
Kopwe fetal won pun ka riafou lon ei mataw

481.
Fonufan a kuna feioch ren chok Om umoumoch
Ka fang lon aukukun Om tong, esap naf ai apasa

Chorus:
Upwe kol (upwe kokol)
Usun Om tong (tong mi lapalap ngeniei)
Mwareiti Itom (tekia o manaman)
Forien Poum (a fokkun murinno)
Lon lang o fonufan

Lupwen weires o riafou, Ka fen mefi o silei
Ka fang Ngunmifel fanitei, a wor pwapwa kinamwe

Ren chok Om tong mi lapalap Ka fangeto Jesus Kraist
Epwe mööni tipis kana o fang manaw esemuch

482.

Lepoputan year-fö Kot A fangeto
A fangeto ach manaw me pochokul
A pwal fangeto ach tufich meinisin
Pwe sipwe silei pwe Koten meinisin

Chorus:
Ifa usun letipom
Kosap mefi An Kot umoumoch
Kose mochen siwini
Om ekiek lon popun ei year mi fö

Alolilen ngeni kich chon achanu
Meta ei sipwele aani ekiek
Ika ewe malo a tori imwach
Eli sipwe chok fokkun osupwang

483.

Rom sopwun engol-me-ru, lon wokisin ru
A-apasa sisap pomweni pomwen fonufan
Pun Kot A mochen pwe kich sipwe fofor murinno
Sipwe unusoch o sisap wiliwilikis

Chorus:
Muttir uta, oh muttir feito
Kote tipemwaramwar a iei chok fansoun
Uta feito, uta muttir feito
A iei chok fansoun mi fich om kuta leniom

Kote tup ren chomongun apwapwan lon fonufan
Kapasen ikenai chok ese wor lamotan
Iei minne sipwele likiti, likitatalo
Ach kewe mochen mi efeiengaw ngeni kich

484.
Mwareiti Kot kich meinisin
Pun I echok A manaman
Sipwe mwareiti feilfeilo
Kot Sam, Kot Naw, Kot Ngunmifel
Amen

485. ("Ifa Usun Epwe Wor Mwari Mwarin Ling?")

Ua kuna eu mwich mi chówatte lon lang
Ra u fan mesen lenien Kot
Iwe, ra ufouf möngaku mi pwechepwech
Ra amwochu pán ira le pour

Chorus: Seni riafou lapalap won fonufan
           Ra ngangaselong lon lingen lang
           Pun ra limeti ufer lon chaan ewe Lam
           O apwecha ar möngaku lon

Iei minne ra nonom mwen lenien Kot
O akangang lon imwan mi fel
Ewe Samolun Lang Epwe imweim wor
Repwe op o kinamwe fan poun

Iwe, echik o ka esap chuen wor rer
Akar esap pwichiti ir no
Esap wor kinamwe-ngaw o melumel rer
Pun ra unusen op-eoch o nur

Ewe Lam Epwe tumunur o emweniir
Ngeni pu-eoch un koluk un lang
Epwe pwas lölön meser o mo kinaser
Pun ra unusen chip me ren Kot

486.
Usap niuokus lon ai upwe angang ngonuk
En ai tufich, En chon angasa ei lo
Met minne ese pwak ngeni ei lon ai angang
A tufich reom Jesus, ai Samol

Chorus:
Jesus A awesi An akunö me ren Saman won lang
Ka tongei ai osupwang
Ka sap ngeniei lon ai apwangapwang
Ai turumonu lon ei manaw Ka ngeni ei
Ka fang ngeni ei ai pochokul

Ua kilisou ngonuk En Jesus ai Samol
Om Ka awesi om akunö fanitei
Ka feitiw me lang ngeni Om we irapenges
Upwe chon ngasolo fanitom

487.
Sipwe nengeni, nengeni ewe irapenges
Won chukun Calvary, sipwe nengeni-fichi
Pwe sipwe silei o weweiti usun met Jesus
A fori fanitach won An irapenges

Chorus:
Won irapenges A kuna turunufas
Won irapenges A kuna riafou o metek chapur
Won irapenges A wewe-ngeni
Emon mi eniopwut o itengaw

Met mefiom lupwen ka nengeni ei
Won ai ei irapenges, usun Ai tongek
Ngang ua malo fanitom, ifa om kilisou
Ua poluku manawei, ifa om poluku?

488.
Jesus apasa I ewe AI me enlet
Me manaw esemuch
/: Esor emon epwe tori Semei lon lang
Are sap luku itei :/

Kose rong An Jesus koko mi chommong
Room lon imwen Semei
/: Are kopwe pwal luku itei kopwe pwal nom
Rei lon imwen Semei :/

Jesus apasa Epwe feilo ren Saman
O amwollata ai room
/: O lupwen epwe liwinsefalito
Epwe ngeniei nampan ai room :/

489.
Jesus ewe Messiah A feitiw ren chon fonufan
Esap kinamwe pun Epwe enletin riafou chok
Epwe kuna sokopaten nini me ren aramas
Epwe pwal irapenges o pwal malo fanitan kich

Chorus:
Ifa lenien Jesus me reom, pwipwi soulang
Nge a tur lukun An Jesus riafou fanitach
Nge pwata mwo a iei rongomangen kich aramas

Jesus A sacheta koko sio lon An riafou
"Ai Kot, Ai Kot pwata Ka kan likiti-ei-lo?
Letipom epwe pwonueta nge enlet sap letipei
Ai Upwe malo faniten tipisin ei fonufan."

490.
Ese wor ach ngas me lom
O kinamwe ese pwal wor
Nge iei ewe Saram a tori kich
Pun iei ewe Saram epwe angasalo kich
Seni ach kewe tipis o osochow

Chorus:
Iei ewe pwon o ewe tong a tori kich ikenai
Kot A pwon Epwe tinato Noun
Chon Angang mi Lipwaköch
Pun Epwe fang o aani asor inisin
Pokiten ach tipis meinisin
Pwe sipwe ngaselo-o
Ngeni kich manawen kinamwe

Lupwen Kot A tinatiw
Noun Chon Angang mi Lipwak-öch
Pun Epwe awesalo An Kot we pwon
A awesi fan cheuch, asaw, o weires
A riafou fanitach kich chon tipis

491.
Forien Poum ai Kot a fokkun amwarar
Meinisin a fisioch, murinno
Fonufan a saram ren ewe Kapas a fen towu
Kilisou Maing Jesus, ai Samol

Chorus:
Upwe chok mwareituk, Siowa ai Kot
Foriom a auchea

Jesus Kraist ai Samol, kose mochen ait ngeniei
Met upwe fori pun upwe apwapwai Kot
Upwe chon tipetekison, alleasochis, me likitu
Kilisou Maing Jesus, ai Samol

492.
Amwarar An Kot ei Tong, amwarar An ekiek
A penluku lenian, An ling o pwal An tekia
Nge faniten kich chon tipis, A malo won An irapenges
Pwe sipwe fokkun ngaselo seni ach tipis

Chorus:
Sa ngas kich sa fokkun ngaselo
Pwe Jesus A moni kich
Seni lon lenien chon tipis me pupungaw kana meinisin
Iei minne kich sipwe kokori Jesus Kraist
Epwe alisi kich lon ach riafou

Luku Jesus Kraist pwe A malo fanitach
Emon Kot mi tekison lupwen An kuna nini
Faniten kich chon tipis, A malo won An irapenges
Pwe sipwe fokkun ngaselo seni ach tipis

493.
Mi eoch sipwe silei en io o ngang io
Mi eoch sipwe weweiti ika kich io
Kich forien Kot ren pwisin An tufich
A fori kich lon pwisin lapalapan
A fangelong an manaw kich aramas
Pwe A mochen pwe sipwe noun Kot.

Chorus:
En noun Kot, uta faniten Kot
Ngang noun Kot, uta faniten Kot.

Mi eoch sipwe silei en io o ngang io
Mi eoch sipwe weweiti ika kich io
Kich saramen fonufan o salten fonufan
Kich chon elingalo iten Jesus Kraist
Lon family, lon eterenges o mwichefel
O pwal lon unusen fonufan.

494.
Kingen King, Samolun Samol
Jesus, Jesus noun Kot, Ka nouniei
Kingen King, Samolun Samol
Iei popun upwe ingemwareituk

Chorus:
Pun sia choni ewe einang mi fil
Pokiten Kraist, Jesus Kraist
Halleluia, Halleluia, iei popun ai kol
> *Mwareiti Kot, Mwareiti*
> *Mwareiti Kot, Mwareiti*
> *Chon nemenem, Kingen chon lukuluk*

Kinamwe esemuch lon Jesus Kraist
Jesus, Jesus noun Kot, Ka nouniei
Kinamwe esemuch lon Jesus Kraist
Iei popun upwe ingemwareituk

495.
Jesus A pwar ngeniir usun An Epwe malo
Petrus apasa, "Ngang upwe etuk,"
Jesus apasa: "Kopwe amam ngang fan ulungat."

Chorus:
Fan ulungat ra-apasa ngeni
Petrus pwe chienan Jesus
Fan ulungat Petrus a amam Jesus Kraist
Ach niuokus a efisita
Ach liwinsefal me towawelo
Seni me fan mesen Samach Kot

Soulang, chienan Jesus le fori An angang
Nge are ka churi riafou, niuokus
Sipwe iotek, "Maing fang ngeniei ai pworacho."

496.
Kich meinisin sipwe kilisou o pwal pwapwa
Ren An Kot umoumoch ngeni kich meinisin
Pwe A tinato Noun Aleamon won fonufan
Pwe Epwe mwarelong fan riafoun ach tipis

Chorus:
Kich meinisin sipwe ekieki Jesus Kraist
Ren An riafou o pwal An osukosuk
Iteiten fansoun meinisin, le ran o lepwin
Iwe, sipwe ekieki sopwolon

Iei minne kich soulang sipwe usun chok Paul
Pwe i chok a tongeni poluku an we mwich
Ewe mwichen sounfiu ngeni mwun lamalam
Pwe epwe feilo mwirin ewe Chon Amanaw

Kich aluwol o fopwul kana meinisin
Sipwe achocho ngeni manawach sopwolon
Pwe site usun chok ewe mwan pisekisek
Pwe a ser lupwen an lamalamelo

497.
Lupwen ach seseres, seseres lon, lon ei mataw
Mi ekeriafou o pwal aka-lolilen
Lupwen upwe churi asepwal
O nó-ingaw, euten ei fonufan
Sipwe angei Jesus ach angkon manaw

Chorus:
Seino, Seino, Seresilo
Angei Jesus ach angkon manaw
Seino, Seino, Seresilo, kosap pwal nenesefal
Jesus ach angkon manaw mi pochokul o nukuchar
Lon fansoun osukosuk, riafou
Oh, Jesus ach angkon manaw

498.
Ai Samol mi Lapalap Kopwe angasa ei
Seni ekewe chon chofona me chon otuputup
Kopwe uweilo lon Poum pwe upwe tumwun
Upwe nom reom, nom reom, nom reom tori feilfeilo

Ou kich aramas meinisin sipwe luku echok
Pun I A tumwunu kich seni feiengaw
Pun A mochen sipwe manaw lon lingen lon lang
Sipwe manaw, manaw, manaw tori feilfeilo

Ra feioch ekewe iir remi manaw
Pwe repwe nom lon lenier lon kinamwe
Nge atongan ekewe iir rese manaw
Repwe kechiw, kechiw, kechiw liamam

499.
We chaan Jesus a fang fanitei
Me lom won Calvary
We chaa a ngeniei ai pochokul
Esap mwuchulo an manaman.

Chorus:
A tori ewe chuuk mi tekia
A pwutiw lemolun en chuuk
We cha a ngeniei ai pochokul
Esap mwuchulo an manaman.

A-angei ai tipemwaramwar
A pwas' chonun mesei
We chaa a ngeniei ai pochokul
Esap mwuchulo an manaman.

500.
O Samol ai Kot mi Enlet
Tungor Om tufich me Om tong enlet
O Samol ai Kot tumunu ei
Fangeochun letipom pwe upwe manaw

Chorus:
Kraist A weires ren kich aramas kana meinisin
Ngang tungor reom, angei pei
Akom'lo mwei feilfeilo chok

Maing Jesus, Kopwe etiei
Epet seni ei fofor mi ngaw
Ngang mochen fituk lon alen saram
Pwe upwe tufich nom reom feilfeilo chok

501.
Jesus A irapenges won ewe Chuk Calvary
/: Pun a masinolo ach tipis kana meinisin :/

Chorus:
Pun eseor emon aramas won fonufan epwe
Fangolo manawan faniten chienan
Nge Jesus chok A tongeni fangolo
Manawan fanitach meinisin
Iei popun me ouchean sipwe tongei

Jesus, nee omwusalo ai tipis, tipis kana meinisin
/: Pun ren Om riafou o weires
A kan fis pwe ai mecheres :/

502.
Emon atin FSM (ika BBC/Baptist Church/)
A mochen feilo ngeni
Ewe fonu mi ling Jesus A nom won
Iwe a ureni Papa, "Kopwe ngeniei mööi
Pwe upwe tongeni ääs won sepenin le feita lang."
Nge Papa a ureni, "Apwi, Apwi, sap ina
Mi wor efoch waan Jesus ese kamo."

Ewe at a ureni, "Aweweni ngeniei
Ena sepenin waan Jesus ese kamo."
"Ei sepenin ese kamo, a iteni 'Waan Jesus'
Ina I ewe Pilot o pwal Captain o pwal Compass
En kopwe tongeni tori ewe fonu mi ling
Are kopwe waani Jesus tori lang."

503.
Ras a lapalap a chok witiwit
Io Jesus Epwe akunou, io epwe feilo
Chommong ra paselo, ese pwung ar kós
/: Io epwe alilis ren ekkei osupwang :/

Kot A mochen nounou aluol me fapwul
Mwan, fefin ra kuna umoumoch
Ra ngas ren chaan Jesus
Ra luku pwe Jesus A menemenoch ren om angang
/: Achocho, likitiw, Epwe urenuk, "Well done!" :/

504.

Me lom ngang usap fokkun weweiti
Tongen ewe irapenges ngeniei
Pun ua pwisin chei mochenin tipei
Ai fori pwapwan fonufanei, fonufanei

Jesus, Kose mochen alisiei
Pwe upwe tongeni nukuchar
O pworacho lon ai angang ngonuk
Pun fonufanei ete wineni letipei

505.

Maing ai Samol lon mettoch meinisin
En chok Ka weweiti ai fofor
Me won ei fonufan
Ngang emon aramas mi fot lon tipis
/: Nge pokiten Om tong a toriei, a wor ai apilukuluk
lei popun ua kilisou ngonuk ai Kot :/

Chorus:
Kilisou Semei lon lang, pwe iei usun Om tong
Maing Kot, Kopwe alisiei, Maing Kopwe nonom rei
Tori ew ran upwe uta mwen mesom ://

Ka umoumoch lon mettoch meinisin
Esor pwal emon mi wewe ngonuk
Lupwen usap chuen
Kuna ewe al, ai Samol upwe iotek
/: Pwe Kopwe nonom rei, alisiei
Maing pwe upwe apiru manawom
Ewe manaw mi ling tori feilfeilo chok :/

506.
Jesus ach lenien op en manaw mi pochokul
A sip le alilis lon sokopaten riafou
Iei minne sisap niuokusiti ei fonufan me masowan
Pun sia aani Jesus lenien op mi pochokul
Ewe King en King, Samolun Samol lon lang o fonufan

Chorus:
Kinisou mwareituk Semei Kot Lapalap
Ren Om tong umoumoch
Ka peniei pwe usap kufulo ren ei fonufan
Ai kuna manaw me ai kuna ling ra chok feito senuk
En chok ai lenien op

Jesus ach lenien op en manaw mi pochokul
Ewe Kot mi pin mi tekia, Kot mi manaman
A fen okkufu Satan, tipis, malo a kuf ren
A kamwoch ewe flagin pworacho
Jesus chok I mi ach lenien op

507.
Ua rong mweliom, lukun ewe asam
Ka koko ngeniei, pwe upwe suk-ngonuk
Ua mochen fori, nge ifa usun upwe
Pwarata ai luku, etiwok lon letipei

Chorus:
Ua rong fan chommong lupwen Ka fichifich
O ua witiwit, pun ua sau ren ai tipis
Nge iei ua mochen suki we asam
Pwe Kopwe tolong lon, o nom lon letipei

Jesus, ua mefi, Ka fokkun tonge'ei
Ua fen rong usun, om malo fanitei
Ua wesewesen luku lon om manawsefal
Ua suki letipei, o tungor Kopwe tolong

508.
Jesus usun ewe chok lom o ikenai, A ken sokosokoch
Esap wilikis; Minne A ken fori lom won fonufan
A pwal mochen fori ikenai leich.

Chorus: Manamanen Jesus, usun ewe chok
Sipwe luku Jesus usun iir me lom.

Iir mi samaw meinisin ra ken feito ren, pochokul a toriir
Ren An manaman; Pwichikar me metek, fius, rup me
Chun; meinisin a mola ren alon mi sor.

Melumel a lapalap lupwen An sasai; noun chonskul ra
Puchor, pun ar niuokus; Jesus A ken uta, fonou
Asepwal; iwe, a fen lua lupwen An fofos.

Aramas ra akechik lon ulungat ran, esor aner mongo
Esor mon aner; Limu mongo chok a wor, ruumon
Kukun iik; Jesus A amongou limengerou mwan.

Noun chonskul ra akkataw le pwin meinisin, resap
Fokun liap tori lesosor; Jesus A ken churiir, tinsefaliir lo
Epwi ik a eo rer, war a urelo.

Jesus usun ewe chok lom o ikenai, A feilfetal leich
A fen nonom rech; esor emon anu a alisi kich
Sipwe luku Jesus, kuta feiochun.

509.
(w.1) Jesus A mochen sipwe iei usun Ion ach iotek.

Chorus:
Semem Ion lang, Itom epwe pin, Mwuum epwe war
Letipom epwe fis won fonufan usun chok Ion lang
Kopwe ngeni kem enem mongo ikenai
Nge Kopwe amusa seni kem tipis kana
Usun pwal am aia amusalo chokana mi tipis ngeni kem
Iwe, Kote atolonga kem Ion sosot nge
Kopwe angasu kem seni mi ngaw, pun ren Om
Woi, me manaman me ling feilfeilo chok, Amen

(w. 2) Jesus A mochen sipwe likitiw Ion ach iotek.

510.
A lapalap An kinas ren ach pupungaw
A tatakis ren foforuch mi ingaw
Kich meinisin sia mwalechfeil usun chok sip
Sia filata ia sipwe feilo ia

Liwinin ach tipis a nom won
Pwe sipwe kuna ach kinamwe
/: Jesus Kraist I ewe Al
A sip le alilis Ion ach riafou :/

511.
Kote tunolo manawom pun kose silei om fansoun
Ika malo a toruk nge kose mwo mollota ://

Chorus:
Enlet, Enlet esap nemeniom (1. Malo) (2. Manaw) ://
Pun enlet ew fansoun manawom
Epwe (1. mwuch) (2. wes) me won ei fonufan ://

Kote tunolo manawom pun a chok arap fansoun
Jesus mi aiti ngeni kich nge sise mwo mollota ://

512.
Sipwe tolong lon lamalam
Pun Kapasen Kot mi esap morolo
Mettoch meinisin met mi nonom rech
Epwe chok morolo usun, usun, usun konik.

Chorus:
Lon Jesus sipwe tong fengen
Tong fenges o tip-ew
Ngun mi Fel Epwe eti kich
Lon fansoun meinisin.

Kot ese nenengeni lukun inisich kich aramas
Pun A chok nengeni lingochun letipach
Pwal foforun, foforun, forum inisich.

513.
Ewe king Herod mi i-ngaw, a opwut chon luku Kraist
A kuta ekkewe chon kaeo
Pwe repwe le niniilo, 'niilo, 'niilo
A kuta ekkewe chon kaeo, pwe repwe le niniilo

Murin an, nielo James, a arresini Peter
O apasa pwe nesor chok, atei epwe malo, malo, malo
O apasa pwe nesor chok, atei epwe malo

Oh chon ewe mwichefel, ra-chufengen, lon ewe pwin
Ra achocho le iotek, pwe epwe le pichilo, 'chilo, 'chilo
Ra achocho le iotek, pwe epwe le pichilo

Emon chon lang mi saram, a pwato lon ewe birig
A fongunata Peter, o a ureni, "Sa lo!", Sa lo, Sa lo
A fongunata Peter, o a ureni, "Sa lo."

Ra-tou seni, ewe birig, fe-tal won ewe alelap
Ewe chon lang a morelo
Nge Peter a sapwelo, 'pwelo, 'pwelo
Ewe chon lang a morelo, nge Peter a sapwelo

A fetal tori ewe imw, oh chienan ra ioteki
A fichifich o witiwit, pwe emon epwe sato, sato, sato
A fichifich o witiwit pwe emon epwe sato

Rota a esina i, nge lon an pwapwa meseik
Ese suki asam ngeni, nge a chok likitalo, 'talo, 'talo
Ese suki asam ngeni, nge a chok likitalo

A salo ngeni chienan, oh ureniir, Peter a war
Nge lon ar tipemwaramwar
Mereer a umwesilo, 'silo, 'silo
Nge lon ar tipemwaramwar, mereer a umwesilo

Nge mwirin chok, ra rongorong
An fichifich mi osomong
Lupwen ra kuna won-mesan
Lukulukumang a sulo, sulo, sulo
Lupwen ra kuna won-mesan, lukulukumang a sulo

514.

Ewe Samol A fori Fonufan lon fisu ran
Lon ewe aewin ran A fis An angang
A fori le ran, oh le pwin
Forian a mwirinno, lang me fonufan

Ewe Samol A fori Fonufan lon fisu ran
Lon ewe ourwen ran A fis An angang
A fori kuchu, oh mataw
A fori le ran, oh le pwin
Forian a mwirinno, lang me fonufan

Ewe Samol A fori Fonufan lon fisu ran
Lon ewe aulungatin ran A fis An angang
A fori fonu, oh ira
A fori kuchu, oh mataw
A fori le ran, oh le pwin
Forian a mwirinno, lang me fonufan

Ewe Samol A fori Fonufan lon fisu ran
Lon ewe oruanuan ran A fis An angang
A fori akar, maram me fu
A fori fonu, oh ira
A fori kuchu, oh mataw
A fori le ran, oh le pwin
Forian a mwirinno, lang me fonufan

Ewe Samol A fori Fonufan lon fisu ran
Lon ewe enimwuan ran A fis An angang
A fori iik, oh machang
A fori akar, maram me fu
A fori fonu, oh ira
A fori kuchu, oh mataw
A fori le ran, oh le pwin
Forian a mwirinno, lang me fonufan

Ewe Samol A fori Fonufan lon fisu ran
Lon ewe aonuwan ran A fis An angang
A fori man, oh aramas
A fori iik, oh machang
A fori akar, maram me fu
A fori fonu, oh ira
A fori kuchu, oh mataw
A fori le ran, oh le pwin
Forian A mwirinno, lang me fonufan

Ewe Samol A fori Fonufan lon fisu ran
Lon ewe efisuan ran, I A asoso
Oh A apasa, Ai angang A wes
Foriei A mwirinno, lang me fonufan

515.

Fan ekkoch lon Raninfel ua mefi chipwang
Lupwen a wich ewe bell, oh fan a poputa
Ai Samol, ua tungor Kopwe alisiei
Pwe upwe pwapwa le feilo fiti fan ikenai

Chorus:
Inamwo met aramas ra filata, upwe le fituk
Ese wor pwal och mettoch a ouchea senuk
Ka tolong lon letipei o Ka imweim loi
Alisiei usap chipwang le fori letipom

Lesosor lupwen ai nelo upwe chemenuk
Kapasen kilisou ngonuk o omusomus
Tungor om alisiei upwe alleasochis
Suki Paipel, allea met Ka ureniei

Fan ekkoch ua menuki pwe Ka etiei
Inamwo met ua fori En Ka kunaei
Ka silei kapasen awei o ai ekiek
Ua mochen pwe ikenai Kopwe le pwapwa rei

516.

Lon Sarinfal ua chengel, Oruu ua meseik
Aulungat ai kinamwe esap tongeni mwuch
Oruanu me Enimwu letipei a takir
Lon Ammon nguni a pwapwa, Raninfel a saram

Oh glory, glory, glory ngeni ewe Lam
Halleluiah, ua manaw, Kilisou ngeni Kot
Oh glory, glory, glory ngeni ewe Lam
Halleluiah, ua manaw oh upwe feilo lang!

517.

Jesus A filata engol me ruemon
Pwe iir repwe le fiti o kaeo seni I
Engol me ruemon mwan, Noun Jesus chon kaeo
O mi fokkun auchea sipwe silei iter

I A filata Peter mi pwal iteni "Faw"
Me pwiin ewe Andrew, emon chon attaw
Ekkewe noun chopulap, pwipwi James me John
Pwal ruemon chiener, Philip me Nathaniel

Matthew i ewe chon ioni takises
Mwirin atewe Thomas, o James noun Alfaes
Mi wor pwal emon Simon, pwal Jutas noun James
Nge ewe sia opwut, Jutas Iskariot
(eliwini wokisin 1)

518.

A wor An Kot alluk, Engol Alluk

- Alluk nampa ew – Kosap aani emon kot luki
- Alluk nampa ru – Kosap fel ngeni onu
- Alluk nampa ulungat – Kosap founi-mwali itei
- Alluk nampa ruanu – Epini ewe Raninfel
- Alluk nampa nimwu – Alleasochis semom me inom
- Alluk nampa wonu – Kosap nielo aramas
- Alluk nampa fisu – Kosap lisou
- Alluk nampa wanu – Kosap sola
- Alluk nampa tiwu – Kosap kapas chofona
- Alluk nampa engol – Kosap mochenia

519.

We Tongen Jesus, eoch o echipwor
We Tongen Jesus, eoch o echipwor
We Tongen Jesus, eoch o echipwor
O-Oh eochun An Tong.

Tekia seni chuuk kana
Alolol seni saat kana
Amwarar seni fu kana
O-Oh eochun An Tong.

We Tongen Jesus, eoch o echipwor
We Tongen Jesus, eoch o echipwor
We Tongen Jesus, eoch o echipwor
O-Oh eochun An Tong.

520.
/: Tumunu mesei met ka katon :/
Pun leran o pwal lepwin sipwe elinga ach King
Tumunu mesei met ka katon

/: Tumunu selingei met ka rong :/
Pun leran o pwal lepwin sipwe elinga ach King
Tumunu selingei met ka rong

/: Tumunu pwoti met-ka fareni :/
Pun leran o pwal lepwin sipwe elinga ach King
Tumunu pwoti met-ka fareni

/: Tumunu awei om kapas :/
Pun leran o pwal lepwin sipwe elinga ach King
Tumunu awei om kapas

/: Tumunu kumwuchi met ka for :/
Pun leran o pwal lepwin sipwe elinga ach King
Tumunu kumwuchi met ka for

/: Tumunu pechei om fetan :/
Pun leran o pwal lepwin sipwe elinga ach King
Tumunu pechei om fetan

/: Tumunu letipei om luku :/
Pun leran o pwal lepwin sipwe elinga ach King
Tumunu letipei om luku

521.

Oupwe le feito, rong ew poraus a fis le mataw
Emon iik asomalo emon mwan – Ewer, mi enlet.

Chorus:
Jonah, Jonah, ese mwittir le alleasochis
Jonah, Jonah, a nom lon lukan emon iik.

Are en ka pwal su seni Kot, kole tumunuk
Sise tongeni op seni Kot, pun A kuna kich.

522.

Ami at me nengin, faniten Jesus
Ami at me nengin
Leimw, won sopw, sikuul, ekis meinisin
Sipwe le pwarata Jesus
Ach Chon Amanaw
Sipwe kaeo usun Jesus ikenai lon Kinter

523.

Upwe feilo ngeni fan
Ikenai lon Raninfel
Upwe towu lukun imwei
Upwe fetan won we al
Upwe kori chienei
Pwe repwe le fitiei
Sipwe feilo ngeni fan
Pun ikenai Ranin Fel

524.

Jesus a men tonge-ei, usun Paipel apasa
Ngang emon noun Jesus Kraist, I epwe tumunuei.

Chorus:
Jesus tonge-ei, fokkun tonge-ei
Jesus tonge-ei, a mak lon nouch Paipel

A tonge-ei lupwen ua fori met mi murinno
A tonge-ei lupwen ua fori met mi lukumach.

Apasa pwe lon imwan, I A fori leniei
Upwe feilo nonom ren, iei An pwon ngeniei.

525.

Chorus:
Forien Kot kana meinisin
Ra nonnom won ewe waaimw
Ra kol o mwareiti itan
O ra episipis are alopolop

Kewe machang ra tikitik
Kewe tiger ra woruwor
Kewe oris ra pupuchor
Kewe kolak ra wouwou

Ekewe mo-onkey ra takir
Kewe kairu ra mwetemwet
Kewe elefant ra tiki rapwa
Kewe kiliso ra bzzzz

526.
Jesus A amwarar, amwarar, amwarar
Ai Samol Jesus A amwarar
Mesei a nengeni, Selingei a rongorong
Ai Samol Jesus A amwarar

Jesus A echipwor, echipwor, echipwor
Ai Samol Jesus A echipwor
Mesei a nengeni, Selingei a rongorong
Ai Samol Jesus A echipwor

Jesus A murinno, murinno, murinno
Ai Samol Jesus A murinno
Mesei a nengeni, selingei a rongorong
Ai Samol Jesus A murinno

527.
Ewe Chon Fori iik meinisin o pwal ekkewe machang
Ewe Emon A forata en me ngang
A feitiw fonufan o A nonom rech
Pwe Epwe malo ren ach tipis o pwal manawsefalita
Pwe meinisin mi luku Iten Jesus
Iir repwe le kuna manaw

Ewe Chon Fori man meinisin o pwal ekkewe pon ira
Ewe Emon A forata en me ngang
A feitiw fonufan o A nonom rech
Pwe Epwe malo ren ach tipis o pwal manawsefalita
Pwe meinisin mi luku Iten Jesus
Iir repwe le kuna manaw

528.

Ai tong ngeni ai Samol epwe le chok watte-lo
O ai tong ngeni ai Samol esap kisikisilo. ://

Ai tong mi lap ikenai, ikenai seni nanew
O ai tong mi kis ikenai, kis seni ai tong nesor. ://

529.

Ikenai won chuuk Ararat, Happy Easter
Ewe waaimw a faneta, Happy Easter
Ir mi nom won ewe achaw, ir ra kuna manaw
Sipwe le mwareiti Jesus, Happy Easter Ami.

Ikenai lon Jerusalem, Happy Easter
Jesus Kraist A Manaw sefal, Happy Easter
I A tou seni peiasan, A manaw seni malo
Sipwe le mwareiti Jesus, Happy Easter Ami

Jesus chok ach Chon Amanaw, Happy Easter
Sipwe uta won ei achaw, Happy Easter
Meinisin mi luku Jesus, repwe aani manaw
Sipwe le mwareiti Jesus, Happy Easter Ami

530.

Kilisou! Ai Samol Jesus
Kilisou! Ka tonge ei
Kilisou! Ka ngeni ei,
Manaw esemuch lon lingen Lang.

Thank You, Lord, for saving my soul
Thank You, Lord, for making me whole
Thank You, Lord, for giving to me
Thy great salvation so rich and free.

531.

Ua fen allea lon nei Paipel, usun An Jesus tonge'ei
I A malo faniten ai tipis, Jesus A fokkun tonge'ei

Chorus:
Jesus A ken - Tongeei
O An we tong, esap mwuch
Ua luku lon Itan
Jesus A ken - Tongeei

Ua fen allea lon nei Paipel, usun An Jesus tonge'ei
I A manawsefal seni peais, Jesus A fokkun tonge'ei

532.

Ua chechemeni manawei me lom
Lupwen ngang use mwo eti Jesus
Nge ua rong ngeni An koko
Lupwen ua mot lon we imwen fel

Chorus:
Lon fansoun koko, mwirin we afalafal
Ua rongorong mwelien Jesus
I A fichifich, won asamen letipei
Lupwen ua momot lon ewe imwen fel

Ua fen rong lupwen inei a iotek
O tungor Kot Epwe amanawaei
Ua mefi angangen Ngun mi Fel
Lupwen ua mot lon we imwen fel

Lon letipei ua mochen etiwa I
Nge nguni a chechech ren niuokus
Ua mefi iei chok ai fansoun
Iwe ua uta o etiwa Jesus

533.

Ra feioch iir mi wouingaw lon ngun
Pun mwuur ewe mwuun lang mi chok arapeto
Ra feioch iir mi lolilen o chou
Pun repwe kuna oururun letiper ren Kot

Ra feioch iir mi tipetekison
Pun repwe wisen alemwirini ei fonufan
Ra feioch iir mi echik o kaka
Pun repwe le möt ren met Kot Epwe liffang ngeniir

Ra feioch iir mi aani kirokiroch
Pun iir repwe kuna kirokiroch lon manawer
Ra feioch iir mi limoch lon letiper
Pun iir repwe nengeni Kot mi pin o unusoch

Ra feioch iir mi wato kinamwe
Pun repwe aiti ngeniir noun Kot aramas mi let
Ra feioch iir mi tolong lon riafou
Fan asengesin pwung pun repwe
Mwuuni ewe mwuun lang

Pun ika sia silei ach wouingaw
Sipwe mochen etiwa liffangen Kot ese kamo
Sipwe mochen un konik mi manaw
Oh sipwe mochen eni ewe pilawan manaw

534.

Paraparen ewe chaa a pwu
(seni won mesan ai Chon Amanaw)
I mi unusen pin, Noun Kot Aleamon
(ewe Lamen Kot, fokkun I echok)
A amanawa, o amarata
(walong An tong loch pwe epwe pwulo)

Arawarawen ewe letip a
(patapatelo ngeni An Kot tong)
Pwe-esap mwokutokut are mefi óch
(ren porausen chaan Jesus A pwulo)
A amanawa, o amarata
(tumunu kich pwe sisap patelo)

On-o-onen ei akkar a tin
(otun lesosor, asarama-kich)
Ei akkar a tin o epwichi kich
(asepwal a su, melumel a wes)
A amanawa, o amarata
(suki lelukach, asarama kich)

Kungochól, aiolololo
(chön-ira mi pwas o aselo)
Mi wor a uputiw, mi wor a malo
(pwal Emon chok Kot, Emon chok Samol)
A amanawa, o amarata
(limeti seni kich ach tipis)

535.
Won ewe mataw mi fokkun watte
Aukukun eu ier ra paselo
Ewe mwan itan Noa, ren puluwan me noun kewe
Ra nom won ewe waim mi watte
E-kewe man ra pwal nonom rer
Ra witi eu esisin Kot Epwe aiti ngeni ir

Kot a ureni Noa, "Kopwe angasa we lissom
Epwe ngonuk eu esisin ewe noter a wesilo

We lissom a liwin ngeni Noa
Ren chön iran olif lon auan
A pwari ngeni Noa, ewe konik a morelo
Ekiselo ra tori we fonu, ewe chuuk itan Ararat
O a fis lon ranin Easter, lon ekewe ier a lo

Kot a ureni Noa, "Kopwe suki we asam,
To-long lon ewe fonu o aani eu manaw mi fo

Iwe nge pwal lon eu ranin Easter
A fis chomong i-er me murin
Ach Samol Jesus Krist a tou seni ewe peias
I a manawsefal seni malo
An Kot manaman a pwappwalo
Pwe kich meinisin sia luku, sipwe aani manaw mi fo

536.

Me lon manawen ach luku, Jesus A mochen
Pwe sipwe le mamarita
Ewe Ngun mi Fel A nonom lon letipach
O I Epwe alisi kich

Chorus:
Tong, Kinamwe, Engilo, Kirokiroch
Manaw murinno, me Olukuluk
Tipepos, me Tipetekison
Ekkei uwan ewe Ngun mi Fel lon manawach

Ewer, esap wor emon epwe kuna manaw
Ren an kewe fofor murinno
Nge emon mi fen etiwa ewe Samol Jesus
Epwe uwani uwan Ngun mi Fel

Pokiten sia manaw ren ewe Ngunun Kot
O sipwe pwal fetal fan emwenian
Iwe sisap eingeing ika okkuf fengen
Are lolowo fengen lefilach

537.
A wor eu totai won we fonu
A tin saram won we mataw
A anisi kewe siip mi nom towaw
Lupwen ra kuna ewe saram
A tin seni we totai
Ra silei ar cos pwe repwe feino leimw

Chorus:
Ua kilisou ren we totai
A amanawa ei
Jesus I we totai
O lupwen ua paslo
I a tinato we saram
Pwe upwe kuna we al
Ika ese nom we totai
Upwe chuen mwalech'lo

Meinisin mi nom won fonu
Rese silei ar ousupwang
Rese mefi auchean ewe totai
Nge ngenir ir mi nom won mataw
Lon rochopwaken ewe pwin
Ra kilisou lupwen we totai a titin

538. (Lead Me Gently Home, Father)

Emweniei neim, Semei
Emweniei neim
Lupwen rani a weselo o upwe malo
Usap chuen kuna sosot, usap paselo
Are Kopwe emweniei, emweniei neim

Chorus:
Emweniei neim, Semei
Emweniei neim, Semei
Pwe upwe tolong lon imwomw
Emweniei neim

Lon ei pwin mi kiroch, Semei
Lon ai riafou
Kose mochen tumunuei pwe usap mwalechlo
Kamwoch pei o nom unuki tori sopolon
Usap niuokus Maing Jesus lupwen Ka nom rei

539.
En Ka allukuluk, O Kot Semei
Esap fokkun wor och nurun Om kul
Kosap siwin, Om tong esap muchulo
En usun ewe chok feinfeinochok

Chorus:
En Ka allukuluk, En Ka allukuluk
Om umoumoch a sofo ran me ran
Ka liffang ngeni ei met ua os won
En Ka allukuluk, O Kot Semei

Asapwal kuchu, me mataw me fonu,
Akkar maram, me ekkewe fuun lang
Ra chufengen le pwarata usun En
Om we allukuluk, me tong enlet.

Ka omwusa tipis o fang kinamwe,
Ka nonnom rei o apwapwai nguni.
Ka fang pochokul me apilukuluk
Ka ngeniei chommong ngerou feioch.

540.

1.
Kot A nenetiw oh A kuna chommong aramas
Lon ar tipis
Oh I A fokkun tongei iir pun ra mwalechelo
Usun chok siip
I A silei pwe esor emon won ei fonufan
Mi unusoch
Pwe epwe le tongeni moni liwinin tipisin aramas
Nge Kot A nengeni Jesus, Noun we Aleamon
Mi uren ling
A momot won peliefichin Seman Kot
Won lenien motun King
Ra fen nomfengen seni lom lon tong o let
Mi fokkun unusoch
Oh eseor sam won fonufan a tongei noun
Usun Kot A tongei Jesus

Chorus:
Oh chon lang ra kekechiw
Lupwen ra kuna met a fis
Ra mochen feitiw seni lang
Oh chimanu Jesus
Nge Jesus Ese mwut ngeniir
Pwe repwe feito angasa I
I A pwaralo tongen Seman
Lupwen I A malo fanitach

2.
Jesus A silei pwe Seman Kot A fokkun
Tongei aramas
Oh I Esap mochen pwe emon leir
Epwe poutmwalilo
Iwe I A uta seni ewe lenien motun King lon lang
Oh A feitiw ngeni fonufan pwe Epwe le malo
Fanasengesich

(Chorus)

541.

Inamo met a tongeni fis
Fansoun feioch are wou-ingau
Nguni a chuen mwareituk, Ai Samol
Lon ran ingaw are ran eoch, kinamwe are osukosuk
Lon nguni upwe ura "Hallelujah"
Hallelujah, Hallelujah, Hallelujah, Hallelujah

Lupwen ua chechemeni
Mettoch meinisin Ka fang ngeniei
Letipei a ur ren kilisou o pwapwa
Om tong enlet o kirokiroch
Pwal liffangen Om umoumoch
Ua mochen apasa, "Hallelujah"
Hallelujah, Hallelujah, Hallelujah, Hallelujah

Iteiten fansoun meinisin ua mefi apwangapwang
Ka feito rei o Ka apochokulaei
Ika ua mefi niuokus, Ka aitiei Om pworacho
O letipei a ur ren "Hallelujah"
Hallelujah, Hallelujah, Hallelujah, Hallelujah

Lon fansoun upwe le malo, upwe uta fan Mesom
Nge ngang usap mosonoson, Ai Samol
Upwe etekieta pei, o upwe suki tinawe
Ren meseik upwe ura "Hallelujah"
Hallelujah, Hallelujah, Hallelujah, Hallelujah

542.

Upwe annea Paipel
Upwe le pwal iotek
Upwe afalafal usun
Ewe Kapas Allim en Jesus
O upwe achocho le feino
Ekis meinisin
Pwe io mi mochen luku
Epwe Up Sefal

543.

Jesus A fori ekkewe tö, me fonu
Ren pwisin Poun I A oululu, ewe pwun
Oh Ion An tong mi lapalap I, A fori
Ewe Al mi ale-ngeni lang

Chorus:
(Nengeni) I A irapenges
(Nengeni) I A manawsefal
Oh ren ach luku lon Jesus, sipwe manaw ://

Jesus A tongei ekkewe at, me nengin
Mi nonom won ekkewe fonu, mi kukkun
A tinato rer ewe Poraus, mi Allim
Ewe Al mi ale-ngeni lang

544.

A wor ew fonu fanitach chon Kraist
Lupwen a wesilo ach sai
Esor riafou epwe witi kich
Pwe kinamwe chok epwe fis

Chorus:
Sipwe menemenoch lupwen sa kuna
Mesan ach Samol Jesus Kraist
Chommong million ier
Sipwe chufengen ren
Ach King oh Samol Jesus Kraist

Sisap lo seni ew leni mi ling
Sipwe nom lon tori feilfeilo
Sisap chemeni manawach me lom
Pun mettoch meinisin repwe fo

545.

We-irapenges sa mwarei
A fokkun chou o metek
O fan ekkoch sipwe mochen fangeta
Nge lupwen sia chemeni An Jesus riafou
Sipwe uta o tapwelo mwirin

Chorus:
Sipwe mwarei we irapenges
Sipwe mwarei we irapenges
Sisap kauno, sisap liwin tori feilfeilo
Sipwe mwarei we irapenges

Jesus A kuna riafou faniten ach tipis
I A malo won we irapenges
A fangalo manawan pwe sipwe kuna manaw
Sipwe luku o tapwelo mwirin

546. (The Road Leads Home)

Won fonufan sa kuna sokopaten riafou
Seni iir rese luku pwal chon mwalechelo
Nge sipwe chechemeni alon Jesus ngeni kich
Pwe I A fen amollata leniach lon imwen Kot

Chorus:
Sipwe tolong lon, leniach lon imwen Kot
Sipwe nonom ren Jesus tori feilfeilo
Sipwe tolong lon, leniach lon imwen Kot
Oh sipwe nom ren Jesus tori feilfeilo

Fan ekkoch sia mefi pwe sipwe chok fangeta
Sia pekus ren ach angang, sia mochen asoso
Nge we ran epwe feito o ach angang epwe wes
Sipwe tou seni fonufan o tolong lon Paradais

547.

Chorus:

Ua luku lon we Chukun Calvary
Ua luku inamwo met epwe fis
Lupwen fonufan a wesilo o ese chuen nom
Upwe chuen luku lon we irapenges

Ua luku pwe manawach won ei fonufan
A chok ur ren osukosuk mi chommong
Nge ew ran epwe feito lupwen mettoch meinisin
Repwe morelo o sipwe nom ren Jesus chok

Ua luku pwe Jesus A malo fanitach
A wesewesen manaw sefal
O I chok mi tongeni amanawa kich
O sipwe kuna we manaw esemwuch

548.

1.
Lon ranin kapwung lapalap
Lang me fonu repwe morolo
Ewe ran esap wor saram
Pun akkar esap chuen nom
We maram me kewe fuun lang
Repwe op seni mesen we King
Lupwen Jesus we Soukapwung
A suki kewe Pwuken Lang

Chorus:
Chon mwalech'lo repwe le kechiw
Usun liwinin ar tipis
Repwe sio pwe repwe aier
Nge ar iotek epwe fokkun mang
Ar iotek epwe fokkun mang

2.
Ekkewe mi fokkun achocho
Nge rese enletin luku
Repwe uta ren kewe chon tipis
Ese wor ar limoch o pwuung
Ekkewe mi chok lukumang
"Sap ikenai, eli nesor."
Repwe kuna kapwungen tipis
Usun kewe rese mwo rong

3.
Ekkewe ra pwapwa ren tipis
Ra takiri poraus allim
Repwe liamam chapur
Nge esor ar fansoun aier
Ekkewe mi pisekisek
O meinisin mi wouingaw
Ekkewe mi itefoula
Pwal meinisin mi itengaw

549.
Pwiin aramas ra uta won we al
Ra wato meinisin ar family
Ra mochen nengeni met epwe fis
Lupwen Jesus A fetan won we al

Ekkoch ra wato nour kewe kukkun
Pwe Jesus Epwe efeiochu iir
O meinisin ra pwapwa o meseik
Lupwen Jesus A fetan won we al

> Emon mwan mi mesechun itan Bartamaes
> A momot nge a rongorong ew watten akurang
> Manamanen Kot a'neloi mesan
> Lupwen Jesus A fetan won we al

Emon mwan mi mochomoch a pwal uta
A mochen kuna nge ese tongeni
A tota won ira pwe epwe katon
Lupwen Jesus A fetan won we al

Emon aluwol a fen malo
Inan a kechiw unukun we pwor
Nge atewe a mwitir manaw sefal
Lupwen Jesus A fetan won we al

➢ Oh atewe mi uri i semwenin keinapan
   A feito chapetiw fan mesen Kraist lon an tungor
   Ren manamanen Kot a limoch sefal
   Lupwen Jesus A fetan won we al

➢ Ra watiw palen ira me ufer mangaku
   Won ewe al mi alelo ngeni Jerusalem
   Ra koko "Hosannah, Mwareiti Kot!"
   Lupwen Jesus A fetan won we al

550.
Ngang ua feioch, ngang ua feioch
Jesus ai Samol, Jesus ai Kot
Ngang ua feioch, ngang ua feioch
Halleluia, Jesus ai Kot

Chon luku Jesus, chon luku Jesus
Ra kuna manaw ese mumuch
Chon luku Jesus, Chon luku Jesus
Halleluia, pun iir noun Kot

Sipwe poutalo, sipwe poutalo
Sipwe poutalo minne a ingaw
Sipwe tapwelo, sipwe tapwelo
Sipwe tapwelo minne a eoch

Sipwe achocho, sipwe achocho
Sipwe achocho ngeni ach soulang
Sipwe likitu, sipwe likitu
Tori sa kuna fonuen lang

551.

We tongen Kot mi echipwor
A pwaralo lon Jesus Kraist ach we Chon Amanaw
Lupwen sa chuen chon tipis
Kraist A malo lon leniach won we irapenges
A mollata liffangen Kot
Pwe meinisin repwe luku o manaw esemuch
Esor malo epwe le tori kich mi wesewesen luku Kraist

Ou rong ngeni we poraus allim
Pun ei poraus a rongofeil won ewe fonufan
A tou seni Jerusalem
Pwal Judea, Sameria, unusen fonufan
Pwe ese wor kunatipingen
Ren aramas meinisin ekis meinisin
Ika ka mochen kuna ei manaw
Wesewesen luku lon Kraist